ISBN : 2-215-08337-9

Dépôt légal à la date de parution.
Conforme à la loi n° 49-956 du 16 juillet 1949
sur les publications destinées à la jeunesse.
Imprimé en France par *Partenaires Book*® (09-2005)

LA MONTAGNE

Conception
Émilie Beaumont

Textes
Pierre Lefèvre

Dessins
MIA : C. Antinori - L. Brunelli -
R. Moriggia - M. Piatto
MM. Comunicazione
Jacques Dayan

Couverture
Marie-Christine Lemayeur
Bernard Alunni

ÉDITIONS FLEURUS

GROUPE FLEURUS, 15-27, rue Moussorgski, 75018 PARIS
www.editionsfleurus.com

Un gigantesque

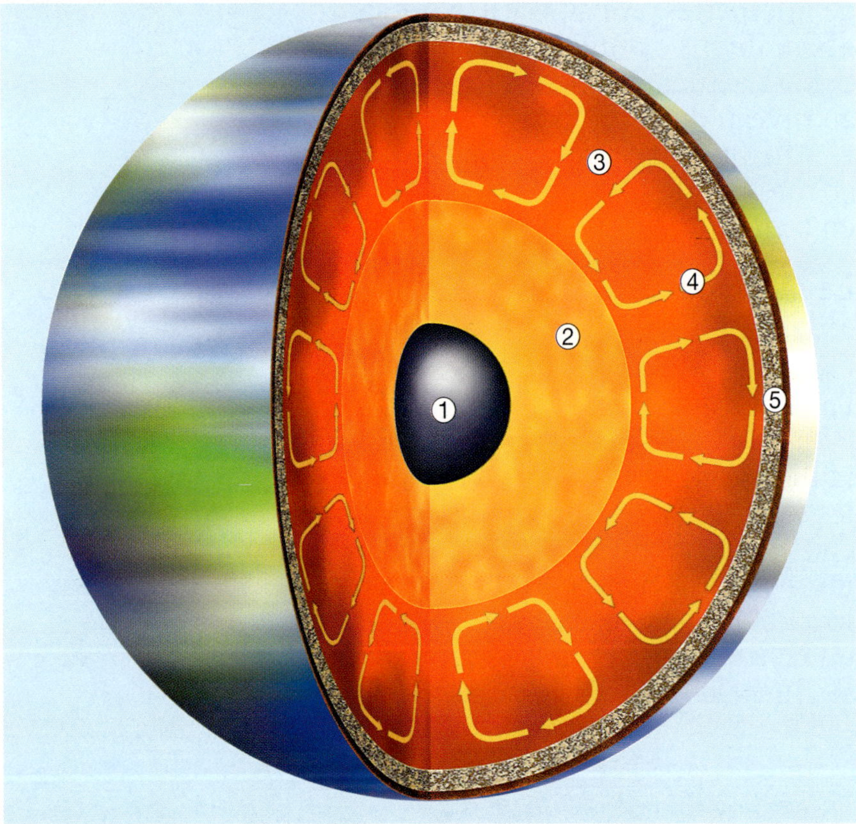

La partie supérieure du manteau et la croûte terrestre forment la lithosphère. C'est sur cette zone solide de 150 à 200 km d'épaisseur que s'exercent les forces internes de la Terre.

Notre planète, née il y a 4,5 milliards d'années, est vivante ! Son écorce s'est refroidie et a durci, mais l'intérieur est encore chaud et actif. Ce qui explique des phénomènes comme les tremblements de terre ou les éruptions volcaniques.

Des plaques en mouvement

Au début du XXe siècle, en étudiant le globe terrestre, le géologue allemand Alfred Wegener remarqua que les continents formaient les pièces d'un gigantesque puzzle. L'Amérique du Sud paraissait ainsi s'emboîter à merveille avec l'Afrique. Était-ce le fruit du hasard ? Non, le savant émit l'idée dès 1912 que la croûte terrestre était divisée en gigantesques plaques qui semblaient dériver à la façon de radeaux sur l'eau. La théorie des plaques était née, mais il faudra attendre 1965 pour qu'elle soit reconnue.

Une planète faite de couches

Aujourd'hui, on sait que la Terre n'est pas une grosse boule dure. Elle est composée de différentes couches. Au centre, se trouve un noyau solide (1), constitué de fer et de nickel, sa température atteint pas moins de 5 000 °C.
Le noyau externe qui l'entoure (2) est un vaste océan de fer liquide. Il est enveloppé par le manteau terrestre (3), une fantastique épaisseur de roches chaudes qui peuvent se déformer.
Le manteau représente 80 % du volume total du globe. La Terre évacue sa chaleur grâce à un lent brassage du manteau.
Ce mouvement circulaire perpétuel (4) se déroule à l'échelle de centaines de millions d'années.
La roche chaude monte vers la surface du globe, se refroidit au contact

puzzle

de la partie supérieure du manteau et redescend vers le noyau. Ce sont ces mouvements qui font bouger la croûte terrestre (5) et la fracturent, provoquant des tremblements de terre.

Un long voyage

La croûte terrestre est particulièrement mince et ne dépasse pas 70 km. Elle se découpe en sept immenses plaques et une douzaine de plus petites qui se déplacent de quelques centimètres au plus par an. Il leur faut au moins un million d'années pour parcourir une dizaine de kilomètres. Ainsi, il y a 450 millions d'années, le Sahara actuel se trouvait au niveau du pôle Sud. Des fleuves glaciaires fossiles encore visibles aujourd'hui en sont le témoignage.

Le globe terrestre redessiné

Certaines plaques s'écartent l'une de l'autre. Elles sont poussées par le magma jaillissant de la faille qui les sépare. D'autres plongent dans le manteau. C'est un très lent ballet pendant lequel les plaques entrent en collision et parfois se chevauchent. De ces mouvements incessants naissent les grandes chaînes de montagnes et émergent les volcans. Ce qui n'empêche pas les plaques de poursuivre leur dérive. L'Australie rejoint ainsi progressivement l'Asie. L'Europe et l'Amérique continuent de s'écarter tandis que l'Afrique remonte au nord, fermant progressivement la mer Méditerranée. L'Inde, elle, pousse sans cesse l'Asie, ce qui élève toujours plus l'Himalaya (d'un centimètre par an). Ces mouvements feront encore surgir, dans une centaine de millions d'années, de nouvelles chaînes de montagnes.

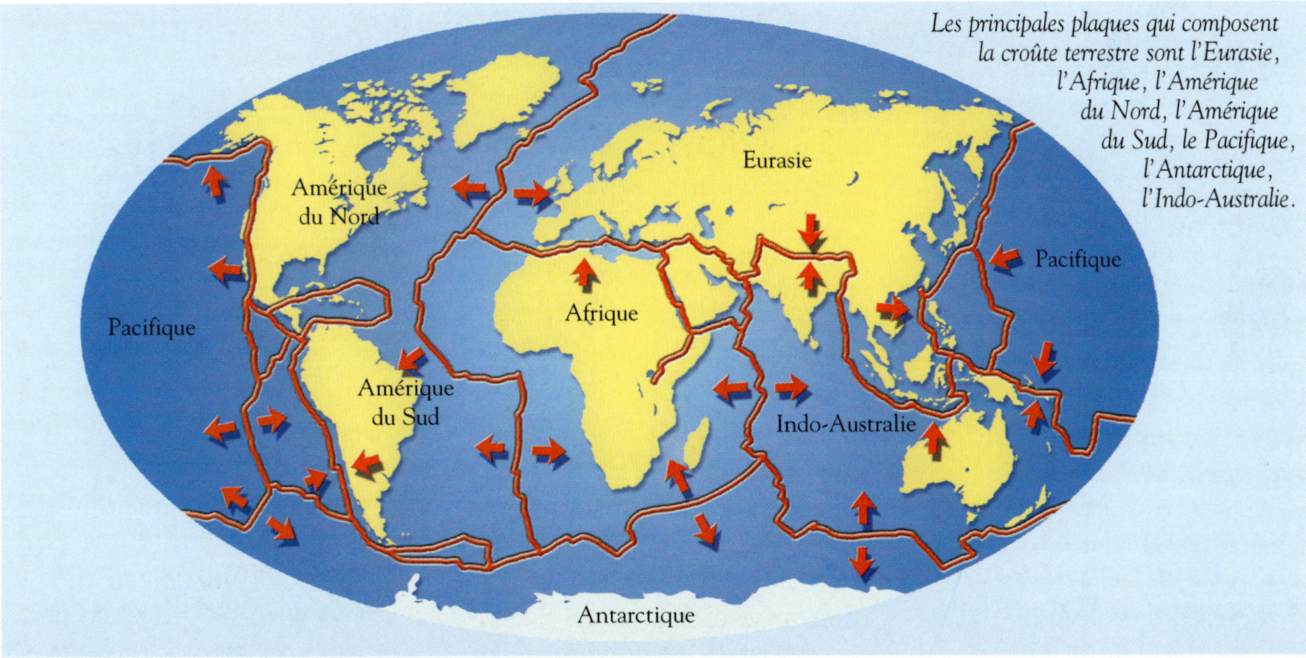

Les principales plaques qui composent la croûte terrestre sont l'Eurasie, l'Afrique, l'Amérique du Nord, l'Amérique du Sud, le Pacifique, l'Antarctique, l'Indo-Australie.

Comment naissent

La cordillère des Andes, bordant le Pacifique.

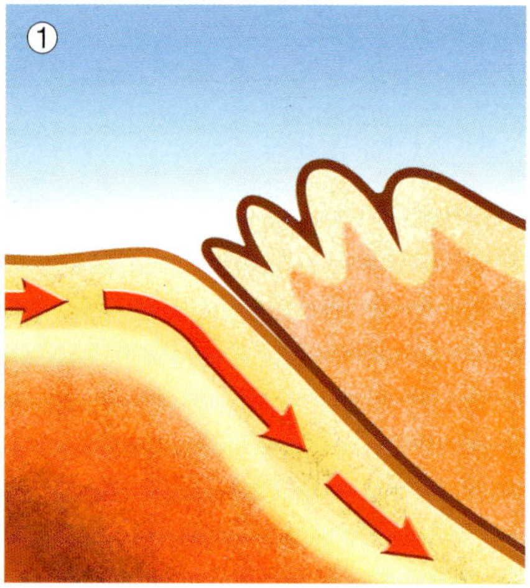

Les plaques qui forment la croûte terrestre s'affrontent sans cesse. De ces combats d'une violence inouïe surgissent les montagnes. Les géologues distinguent trois origines possibles.

Un long processus

La naissance d'une montagne dure entre 50 et 100 millions d'années. Elle ne se fait pas de manière continue, mais au rythme de la Terre, avec des périodes de forte activité et des périodes d'accalmie.

Dessus dessous (1)

Quand une plaque océanique rencontre une plaque continentale, la bataille n'est pas égale. La première, moins épaisse, s'enfonce sous la seconde dans le manteau terrestre. Du magma se forme, il remonte à travers la croûte terrestre. Là où il parvient à surgir en surface, il donne naissance à une chaîne de volcans. Dans ce vaste mouvement, la plaque continentale se plisse. De nouvelles montagnes s'élèvent. La longue chaîne des Andes, en Amérique du Sud, est née de cette manière, il y a 80 millions d'années. La plaque océanique continue aujourd'hui d'avancer au rythme de 10 cm par an.

Une collision fatale (2)

À force de plonger dans le manteau, la plaque océanique qui séparait deux continents disparaît parfois complètement, engloutie dans le manteau terrestre. Une collision entre les deux plaques continentales est alors inévitable, un combat de titans s'engage. Les plaques continentales se déforment, créant de gigantesques plis puis d'immenses écailles : de nouvelles montagnes. Les Alpes doivent ainsi leur formation à la rencontre de la plaque européenne et de la plaque africaine, il y a 40 millions d'années. Ce qui entraîna la disparition de la mer alpine. Les Alpes françaises les plus occidentales, dont fait partie le mont Blanc, se soulèvent encore de 2 millimètres chaque année !

les montagnes ?

Vue aérienne de la chaîne des Alpes.

Comme un éventail ! (3)
La chaîne de l'Atlas, au Maroc, a surgi au milieu d'une plaque continentale, tout comme les Pyrénées. Ces montagnes sont le résultat indirect de la collision de plaques voisines. La croûte terrestre, ainsi compressée, s'est alors soulevée à l'endroit où elle était le plus fragile, donnant naissance à des reliefs. Dans le cas des Pyrénées, la chaîne est née il y a 50 millions d'années à l'emplacement d'un immense fossé d'une centaine de kilomètres de large. Lorsque la plaque continentale s'est trouvée comprimée, les bords du fossé se sont rapprochés. La croûte terrestre a jailli du fond du fossé et s'est ouverte à la façon d'un éventail.

L'Atlas, au Maroc.

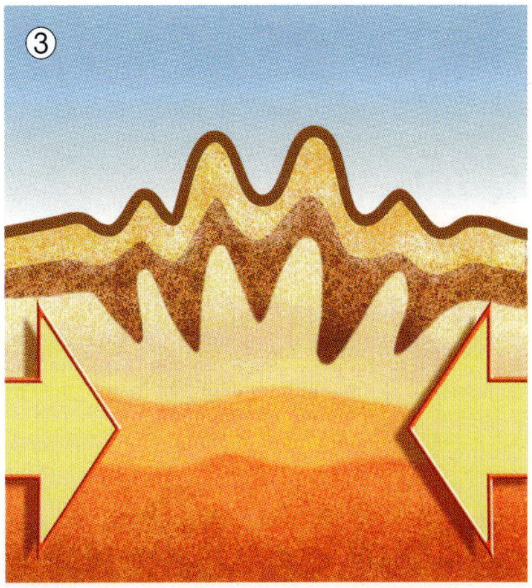

Les volcans : des

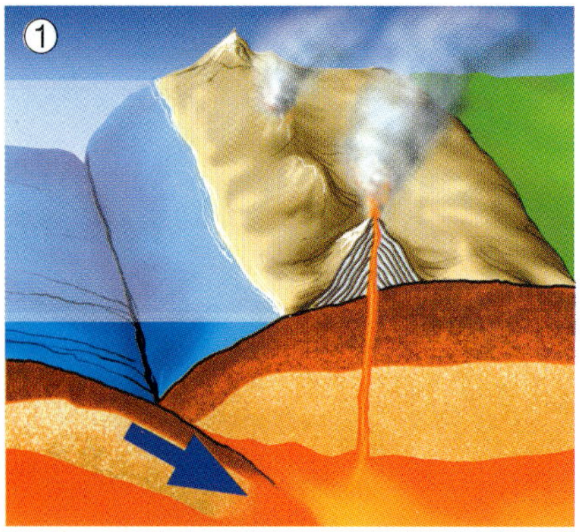

Autres témoins de la formidable énergie qu'abrite la Terre, les volcans sont aussi des montagnes et peuvent culminer à 6 000 m de hauteur.

Des températures dignes de l'Enfer

C'est dans la partie supérieure du manteau (voir p. 6), jusqu'à 100 km de profondeur, qu'il faut chercher l'origine de nombreux volcans.
Une partie de la roche est si chaude, quelque 1 300 °C, qu'elle fond en un liquide épais et brûlant : le magma. Ce sont ces remontées de roche en fusion qui donnent naissance aux volcans.
Le magma se forme notamment à la faveur du plongeon d'une plaque sous une autre. La plupart des

Le Cotopaxi, dans les Andes.

volcans apparaissent ainsi à la limite de deux plaques (1).

Des fontaines de magma

Le magma se fraye un chemin dans les anfractuosités de la croûte terrestre et s'accumule dans des cavités situées parfois à plusieurs dizaines de

kilomètres sous la surface. Il peut y demeurer plusieurs centaines d'années. L'eau et les gaz qui se dégagent accroissent sans cesse la pression qui règne dans la cavité. Quand la pression devient trop forte, le magma s'échappe alors vers la surface sous forme de gaz, de cendres, de bombes volcaniques et de laves. Des volumes considérables de matière se déposent ainsi, créant des reliefs aux pentes plus ou moins fortes.

Comme un chalumeau

Les volcans surgissent également au centre des plaques (2). De la partie inférieure du manteau remontent des bulles de magma extrêmement

montagnes de feu

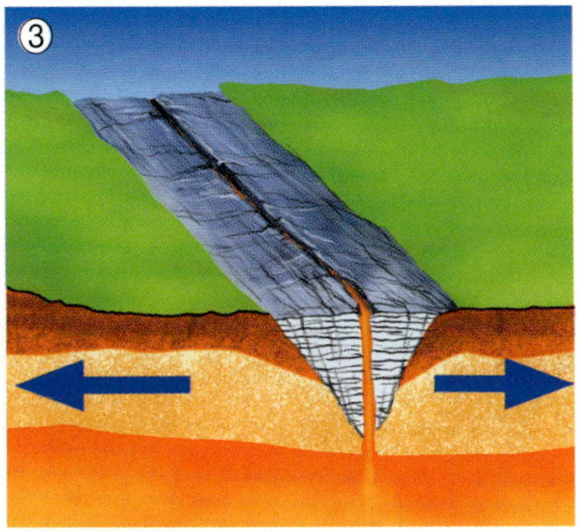

brûlant toujours au même endroit, appelé point chaud. Comme un chalumeau, le magma perce l'écorce de la Terre. En se refroidissant, il forme un volcan qui dérive avec la plaque terrestre. Le point chaud étant fixe, au fur et à mesure que la plaque dérive, il se crée un chapelet de volcans bien alignés. Dans le Pacifique, l'archipel

Le Kilawea, à Hawaii.

Le Kilimandjaro, sur le rift africain.

d'Hawaii, constitué de 130 îlots volcaniques, en est le plus bel exemple. Le Mauna Loa, qui en fait partie, culmine à 4 170 m au-dessus de la mer. Comme le fond océanique se trouve à 5 000 m de profondeur, il atteint une hauteur totale époustouflante de 9 000 m !

Le grand écart

À certains endroits de la planète, le magma qui remonte apporte une telle quantité de chaleur qu'il déforme la croûte terrestre. Elle se bombe et finit par se fracturer. La plaque continentale se sépare peu à peu en deux parties (3). La croûte terrestre s'affaisse au milieu, formant une gigantesque vallée, les prémices d'un futur océan. Le magma s'infiltre dans les fissures et donne naissance à des volcans. En Afrique de l'Est, un tel grand écart de la croûte terrestre a formé le Grand Rift, il y a 35 à 25 millions d'années : un fossé colossal qui s'étend sur 7 000 km. C'est dans le Grand Rift que se trouvent la plupart des volcans du continent, dont le plus fameux n'est autre que le Kilimandjaro.

Portraits de volcans

Les montagnes que forment les volcans ont des reliefs variés. Ces reliefs dépendent de leur origine (point chaud, rift, collision de plaques…) et de la consistance de la lave. Ainsi, les plus hauts volcans comme le Fuji-Yama, au Japon, sont nés d'une lave particulièrement visqueuse qui s'est accumulée sur les flancs. D'autres volcans, comme le piton de la Fournaise à la Réunion, déversent au contraire une lave très fluide qui s'écoule rapidement et en général très loin. Ils offrent donc des pentes douces et ne sont le plus souvent pas très élevés.

Un paysage sculpté

Le paysage à l'époque des grandes glaciations (1) et après le réchauffement qui a suivi (2).

À peine la montagne surgit-elle que le vent, le gel, la glace et l'eau n'ont de cesse de sculpter la roche. Ce rabotage naturel incessant dessine les nombreux reliefs qui nous entourent.

Le plus grand des sculpteurs

L'eau est sans conteste le grand sculpteur du paysage. Elle agit de façon subtile et implacable au fil de millions d'années. Lentement, elle s'infiltre dans la roche, l'use, la dissout, la désagrège... La roche finit par glisser ou se détacher. En ruisselant sur les pentes, l'eau cisèle de profondes ravines et les torrents qu'elle forme creusent et dessinent des vallées en forme de « V ». L'eau, qui paraît si inoffensive, peut même fendre la roche si elle parvient à se faufiler dans une fissure. En effet, en gelant, son volume augmente, la glace pousse alors de toutes parts et provoque parfois l'éclatement de la roche.

Les glaciations

Ces phénomènes se produisent en permanence mais ils sont plus importants durant les périodes glaciaires. Le climat de notre planète n'a pas toujours été le même qu'aujourd'hui et la Terre a connu en particulier de grandes glaciations. Durant la dernière, il y a 20 000 ans, l'Europe du Nord et le Canada étaient couverts d'une épaisse calotte de glace. Plus au sud, en France notamment, le paysage était dominé par de vastes étendues d'herbes rases et de végétation naine. Les glaciers des montagnes étaient alors gigantesques et s'étendaient sur plusieurs centaines de kilomètres.

Le réchauffement

Quand le climat s'est réchauffé, il y a 11 000 ans, des glaciers ont disparu, certains sont simplement devenus plus petits. Les

par le temps

énormes volumes de glace qui ont glissé des hauteurs ont arraché et charrié de monumentaux blocs de roches. Quand ils ont fondu, les glaciers les ont déposés, formant des moraines. Certaines d'entre elles ont été transportées sur plusieurs centaines de kilomètres, loin dans les plaines.

Les glissements de terrain laissent une gigantesque marque dans le paysage, comme si la cuillère d'un géant avait creusé la montagne.

Les glaciations ont ainsi strié, entaillé, poli la roche, formant des escaliers colossaux, creusant des lacs, découpant des arêtes ou dessinant des cirques.

L'action du vent

Le vent intervient quand l'eau ou la glace ont transformé la roche en fins débris ou l'ont rendue très friable. Comme l'eau qui ruisselle sur les reliefs, le souffle puissant du vent enlève les parties friables et dégage la roche saine.

Comme un iceberg

Si l'érosion détruit en partie les montagnes, elle favorise aussi leur soulèvement. Comme les icebergs, les montagnes ont en effet une partie cachée qui s'enfonce dans le manteau terrestre sur plusieurs dizaines de kilomètres. Tout se passe comme si elles flottaient sur le manteau. En enlevant de la matière, l'érosion allège les montagnes. Plus légères, elles remontent comme cela se passe pour les icebergs quand ils fondent. Ainsi, même si les plaques de la croûte terrestre cessent de pousser les montagnes vers le haut, celles-ci gardent la même altitude en dépit de l'érosion. Toutefois, au bout de millions d'années, l'érosion l'emporte et finit par donner des massifs anciens peu élevés.

L'érosion enlève de la matière (1). La montagne, devenue « plus légère », remonte (2).

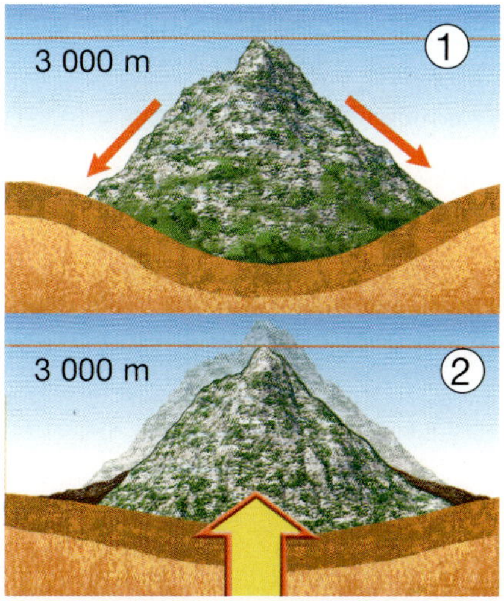

En tombant, la pluie sculpte parfois de fines colonnes chapeautées d'un rocher : les cheminées de fée.

Les éboulis

Le gel est à l'origine de nombreux éboulis qui tapissent les flancs des montagnes. À force d'éclater la roche, il la rend friable. Dans les roches calcaires, des pans entiers de falaise se sont ainsi détachés. Au pied de la pente se sont alors formés de gigantesques éboulis. Ces phénomènes se sont parfois produits il y a plusieurs milliers d'années. Mais il n'est pas rare de trouver dans le paysage des cicatrices beaucoup plus récentes de ce type d'événement.

Qu'appelle-t-on les cheminées de fée ?

Appelées aussi demoiselles coiffées, ces grandes silhouettes qui peuvent mesurer jusqu'à 30 m de haut sont en réalité d'étonnantes colonnes chapeautées de gros rochers. Elles sont apparues sous l'action lente et persistante de l'eau. Très lentement, la pluie a creusé et entraîné la terre, sauf sous les rochers qui ont joué le rôle de parapluie naturel. Sous le poids de ces rochers, avec le temps, la terre s'est tassée asséchée et durcie grâce aux minéraux qu'elle contient. Parfois, ceux-ci ont tranformé la terre de la colonne en véritable béton !

Des arches naturelles

Le grès est sans doute la roche qui donne les formes les plus fantaisistes. Le parc national des Arches, aux États-Unis, situé à 1 500 m d'altitude, offre ainsi des sculptures parmi les plus spectaculaires : on y compte plus de 2 000 arches naturelles. Immenses, elles atteignent jusqu'à 100 m de long ! Il y a 300 millions d'années, la mer qui était alors présente dans cette région s'est retirée et a laissé une épaisse couche de sel surmontée d'une couche de sable. Une partie du sel est remontée dans la couche de sable formant des bulles de sel. Avec le temps, le sable a durci pour se transformer en grès. L'eau a lentement dissous le sel et l'a fait ainsi disparaître, laissant de

Les éboulis et éboulements sont des morceaux de roches des montagnes.

Le parc national des Arches, aux États-Unis, rassemble de magnifiques arches naturelles telle Delicate Arch. Elle mesure 10 m de long et 14 m de haut. Âgée de 70 000 ans, elle devrait disparaître dans 10 à 15 000 ans sous l'effet de l'érosion.

grandes bulles d'air. Le grès tout autour est resté presque intact, de grandes arches sont ainsi apparues, celles que l'on voit encore aujourd'hui.

Des marmites de géant !

Dans sa course, l'eau puissante des torrents peut façonner d'étonnantes vasques, les « marmites de géant ». Cela se produit quand le torrent se met à tournoyer en raison du relief. Le sable et les galets qu'il charrie suivent alors le mouvement et rabotent la roche lentement mais sûrement. Ils creusent alors peu à peu un profond trou rond et souvent spectaculaire pouvant atteindre plusieurs mètres de profondeur .

Tel un bombardement

L'eau, toujours elle, creuse aussi parfois de curieux entonnoirs, comme si la montagne avait subi un violent bombardement. Ce type de reliefs se trouve sur des terrains très tendres de gypse, une roche sédimentaire. Ils se forment parce que les pentes d'une montagne ne sont jamais parfaitement lisses. Elles comportent des creux dans lesquels l'eau et la neige s'accumulent. Le gypse se dissout très facilement dans l'eau. La roche s'y délite donc plus qu'ailleurs. Les eaux l'emportent progressivement, ne laissant que de profonds trous.

Le Jardin des glaciers, en Suisse, abrite plusieurs marmites de géant, la plus grande mesure 9,5 m de profondeur et 8 m de diamètre.

De longs

On trouve des glaciers dans toutes les chaînes de montagnes, y compris à l'équateur. L'eau de ces longs fleuves de glace représente 2 % de toute l'eau de la Terre.

Naissance d'un glacier

Dans les hauteurs des montagnes, la neige qui tombe ne fond pas complètement. Elle s'accumule année après année. Elle se tasse sous son propre poids en une neige dure et forme ce que l'on appelle un névé. Progressivement, elle se transforme en une glace compacte qui glisse lentement vers la vallée. Ce fleuve de glace s'écoule à une vitesse imperceptible, pas plus de 10 m par an pour les plus petits glaciers. Les plus grands, dans l'Everest, foncent toutefois à 800 m par an !
La progression ne se fait pas de façon égale sur toute la largeur de la langue glaciaire : le centre avance plus vite que les côtés, qui frottent sur la roche. De même, la marche du glacier n'est pas la même sur toute sa longueur, elle dépend de l'inclinaison de la pente et de l'épaisseur de la glace. Plus elle est épaisse, plus elle est lourde, et plus elle pousse et avance vite. Enfin, si la langue glaciaire prend son temps quand la vallée est large, elle accélère dès qu'elle rétrécit.

Quand la glace se déchire

Dans sa marche vers la vallée, le glacier tente de suivre au plus près les reliefs

fleuves de glace

de la roche qu'il épouse. Mais quand la pente vient à changer d'inclinaison, il arrive que la glace cède alors et se déchire dans sa largeur. Des crevasses apparaissent qui peuvent atteindre plus de 50 m de profondeur. Elles s'élargissent au fur et à mesure que le glacier avance. Les crevasses qui s'ouvrent s'enchevêtrent et découpent alors la glace en tous sens. Il se forme des blocs isolés, les séracs. Poussés par la marche du glacier, ils s'effondrent en contrebas.

Une vie bien rythmée

En Europe, les glaciers connaissent deux saisons bien marquées. D'octobre à mai, les glaciers prennent du volume, les chutes de neige sont importantes et la glace fond peu. De juin à septembre, c'est l'inverse qui se produit : la fonte domine. L'épaisseur du glacier diminue alors de 3 à 4 cm par jour. Rien de tel n'existe à l'équateur, où il n'y a pas de saisons. Les glaciers y sont plus petits (5 km^2). Toute l'année, la neige s'accumule sur les sommets, tandis que la glace fond

Longue de 11 km, la mer de Glace est le plus grand glacier français. Il s'étend entre 3 900 m et 1 500 m d'altitude.

dans la partie basse du glacier. En Antarctique, les chutes de neige se produisent tout au long de l'année également, mais la fonte des glaciers est faible. Pourtant, le glacier ne grossit et ne grandit pas indéfiniment, il finit sa course dans la mer sous forme d'icebergs.

Poussée par son propre poids, la glace progresse lentement vers la vallée.

La neige dans

La montagne est le véritable royaume du blanc. La neige règne en maître au-dessus de l'isotherme zéro (l'altitude où la température moyenne est de 0 °C). En deçà, la neige fait place à la pluie. Cette altitude varie selon les endroits du monde et les saisons.

Naissance dans les nuages

C'est dans le secret des nuages que se forme la neige. Au début, le nuage n'est que de la vapeur d'eau contenant des petites poussières. C'est sur elles que la vapeur se condense progressivement et gèle, quand le nuage traverse un air très froid. Il se forme ainsi des germes de glace qui grossissent jusqu'à devenir des cristaux. Ces « petits joyaux » peuvent prendre une infinité de formes selon la température et la teneur en vapeur d'eau du nuage. Si l'on ne trouve jamais deux cristaux identiques, du moins peut-on quand même les classer en une dizaine de grandes catégories : colonne, aiguille, bouton de manchette... La plus connue d'entre elles est une magnifique étoile à six branches. Devenus trop lourds, les cristaux tombent vers le sol. Ils se réchauffent alors, deviennent collants et s'agglutinent par dizaines pour former un flocon de neige.

Même si on dénombre une dizaine de grandes catégories de cristaux (aiguille, colonne, plaquette, étoile...), chacun est unique.

tous ses états

La neige, tombée en tempête, poussée par le vent, s'est accrochée aux sapins, créant ces formes fantomatiques très curieuses.

Une neige bien accrochée

Une fois tombée, la neige fraîche tient plus ou moins bien sur les pentes raides, selon la forme des flocons. La palme revient à la neige formée de cristaux en étoile. Au sol, ceux-ci s'imbriquent les uns dans les autres. Les branches de l'étoile constituent de solides points d'attache, un peu comme lorsqu'on se tient la main à plusieurs. Ils permettent à la couche de neige de tenir même sur des pentes quasi verticales. Le manteau de neige ainsi formé constitue un très bon isolant. La vie qui s'est assoupie dans le sol est ainsi protégée des températures trop basses. Enfin, la neige fraîche a une dernière qualité importante : très réfléchissante, elle n'absorbe que très peu l'énergie du soleil. Elle renvoie vers le ciel la presque totalité des rayons. Le soleil ne la réchauffe que très peu. C'est pourquoi cette neige ne fond que très lentement. Toute la neige ne se transforme pas en eau, une grande partie disparaît même plus vite par évaporation qu'en fondant.

Le voyage du flocon

La neige ne cesse de se transformer au gré des conditions météorologiques. Dès qu'il tombe du nuage, le flocon se modifie ; ainsi, un vent violent provoque des chocs entre les cristaux qui peuvent détruire les branches d'une étoile de neige par exemple. Si, dans sa chute, le flocon se trouve dans un air moins froid, supérieur à 0 °C, il peut commencer légèrement à fondre. Une fois au sol, le flocon n'en est pas quitte pour autant, le vent peut de nouveau l'emporter et briser de même les parties les plus fragiles, comme les branches. Le poids d'une nouvelle couche lui fera subir aussi des dommages. Les variations de températures, enfin, changent profondément la forme des flocons. Ils peuvent ainsi n'être plus réduits qu'à de petits grains. Tous ces aspects du flocon vont donner à la couche de neige ses caractéristiques propres (et la rendre plus ou moins dangereuse, voir page suivante).

Danger,

Avalanche de poudreuse (1), de plaques (2) et de neige humide (3).

Le manteau neigeux semble parfaitement immobile. Erreur, c'est en réalité un fragile équilibre qui peut se rompre sans crier gare. Le plus souvent imprévisibles, les avalanches déferlent dans de puissants torrents de neige. Elles sont classées en trois types selon la nature de la neige et les conditions météorologiques.

Avalanches de poudreuse

Ce sont les plus spectaculaires et les plus dévastatrices. La neige dévale les pentes en formant d'énormes rouleaux qui peuvent atteindre 20 m de haut ! Ces avalanches surviennent au début de l'hiver par temps très froid, à l'occasion de chutes de neige. Comme la température est très basse, la neige est constituée de flocons à branches qui la rendent très légère. Elle peut tenir sur des pentes fortement inclinées mais dans un équilibre précaire. Si la neige qui s'accumule devient trop lourde par exemple, le manteau neigeux décroche et glisse dans la pente en une coulée poudreuse. À mesure qu'elle avance, l'avalanche se nourrit de la neige qu'elle rencontre. Sa violence s'amplifie et elle fonce à la vitesse vertigineuse de 100 à 400 km/h !

Avalanches de plaques

Elles sont la grande crainte des skieurs et des alpinistes qui en sont les premières victimes. Ces avalanches se produisent après une longue période de beau temps très froid. Auparavant, une neige abondante a déposé une première couche. Au contact du sol, plus chaud, les flocons se sont progressivement transformés en petits grains de glace indépendants, comme autant de petites billes. Quelques jours plus tard, une seconde couche de neige dont les flocons se soudent vient recouvrir la première, elle constitue une

avalanches !

plaque rigide comme posée sur un tapis de billes. Dans ces conditions, un rien suffit à déclencher le glissement de la plaque, le passage d'un skieur par exemple. Alors, dans un terrible grondement, la plaque se déchire en plusieurs morceaux qui déferlent à une vitesse pouvant atteindre 300 km/h ! Leur force est telle qu'ils peuvent briser des troncs d'arbre aussi facilement que des allumettes !

Dans certaines régions de montagne, on installe des paravalanches destinés à freiner les avalanches et à protéger les habitats et les pistes de ski.

Avalanches de neige humide

Lourdes et puissantes, ces avalanches sont relativement prévisibles. Elles se déclenchent en effet après un redoux, durant l'hiver, ou à la faveur du printemps. Elles s'écoulent, guidées par le relief, à la façon d'un torrent. Parfois, ce n'est qu'une inoffensive petite coulée. Mais si c'est le manteau entier qui se détache, l'avalanche déplace une gigantesque masse de neige, à quelquefois plus de 100 km/h, et qui, tel un bulldozer, écrase tout sur son passage. C'est l'eau qui est responsable de ce désastre : elle provient de la fonte du manteau, ou tout simplement de la pluie, et imprègne la neige. Trop lourd et trop mou, le manteau finit par glisser.

Les trésors

Roches magmatiques : basalte (1), obsidienne (2), granit (3). Roches métamorphiques : ardoise (4), marbre (5). Roches sédimentaires : calcaire (6), grès (7).

Matériaux de construction des montagnes, les roches sont de véritables trésors pour les géologues. Elles constituent de formidables archives qui racontent, tout comme un livre, l'histoire de la montagne. On distingue trois grands types de roche.

Les roches venues du magma

À son origine, il y a 4,5 milliards d'années, la Terre n'était qu'un océan liquide de roches en fusion. Ce magma s'est lentement refroidi pour donner naissance aux premières roches magmatiques. Le granit en est un exemple fameux, c'est la roche qui constitue les principales aiguilles des Alpes. D'autres sont apparues depuis à la faveur d'une remontée de magma. Il s'est frayé un chemin à travers l'écorce terrestre pour se trouver en surface à l'occasion d'une éruption volcanique. Il s'est refroidi rapidement et a produit par exemple du basalte ou de l'obsidienne, qui ressemble à du verre noir. Toutes ces roches sont du magma qui s'est cristallisé. La taille des cristaux dépend de la vitesse à laquelle le magma s'est refroidi. Plus cela s'est fait lentement, plus les cristaux sont gros. C'est ainsi que sont nés les plus beaux trésors de la Terre, des joyaux aux formes extravagantes qui font l'envie des chercheurs de cristal.

Les traces d'anciens océans

Certaines roches sont nées au fond des mers et des océans, on les appelle roches sédimentaires. Elles proviennent de l'accumulation de coquilles et de petits animaux morts durant des milliers d'années. La Terre apporte aussi sa contribution. En effet, en érodant les reliefs, l'eau arrache des particules

La couleur du cristal dépend du ou des minerais qui le constituent. Le cristal de quartz est blanc, voire transparent.

de la Terre

Le granit affleure parfois dans les pentes sous forme de masses émoussées.

de minéraux qui se retrouveront finalement au fond des mers. Ces dépôts s'empilent inlassablement. Sous l'effet de leur poids, les couches supérieures compriment les couches les plus enfouies. Les minéraux se soudent peu à peu entre eux pour former des roches compactes, certaines très solides, comme le grès, d'autres très tendres, comme la craie ou le calcaire. On y trouve les fossiles de petits coquillages, ce qui est surprenant à la montagne, ce sont pourtant bien là les traces d'anciens fonds marins qui ont été soulevés jusqu'à ces hauteurs.

Les roches qui se sont transformées

La Terre est vivante. Son activité transforme profondément les roches de sa croûte. Elles subissent des bouleversements qui les métamorphosent sur de très longues périodes. Elles sont comprimées, chauffées et parfois même fondues. Elles ne sont plus alors les mêmes. L'argile peut par exemple devenir de l'ardoise, le calcaire du marbre. Cela prend généralement des millions d'années, notamment lorsque ce sont des mouvements de plaques terrestres qui malmènent ainsi la roche. Mais la transformation peut aussi être très rapide, par exemple lorsque c'est la chute d'une météorite qui en est la cause.

Le granit est aussi la roche qui constitue la plupart des grandes aiguilles comme celle du Dru, dans les Alpes.

L'incessante ro

Le cycle de l'eau : un mouvement perpétuel.

Des glaciers aux torrents en passant par les lacs, l'eau est présente partout dans la montagne. C'est que les sommets font souvent barrage aux nuages qui s'y accumulent et y déversent leurs eaux en pluie, en chutes de neige ou en grêle.

Une grande ronde

Le voyage d'une goutte d'eau commence dans les océans : le plus grand réservoir d'eau sur la planète. Sous l'effet du soleil, cette eau s'évapore et s'élève dans les airs. Poussée par les vents, cette masse d'air chaud et humide se dirige vers les continents. Si elle parvient jusqu'aux montagnes, elle suit le relief et s'élève progressivement. À mesure que les températures diminuent avec l'altitude, la vapeur d'eau se condense. Elle forme des gouttelettes qui s'agglomèrent entre elles. Devenues trop lourdes, elles tombent au sol sous forme de pluie. Si les températures sont trop basses, la vapeur d'eau deviendra neige, grêle ou grésil. En haut des sommets, elle alimente les glaciers qui constituent d'énormes réservoirs d'eau douce. L'eau gelée y est ainsi stockée durant l'hiver, dans les pays tempérés. Le printemps revenu, elle fond, se fait ruisseau puis rejoint les fleuves pour se jeter finalement dans les océans. Cette ronde incessante de l'eau n'a ainsi ni début ni fin.

nde de l'eau

Des lacs glaciaires se forment lorsque l'eau est retenue par une langue glaciaire (1) ou une moraine (2).

Une barrière à pluie

Les pluies ou les chutes de neige ne se répartissent pas toujours de façon égale d'un versant à l'autre d'une montagne. Les masses d'air chaud et humide qui arrivent ne peuvent contourner le relief. Elles s'élèvent comme aspirées vers les sommets où elles déversent toute leur humidité. L'air, qui poursuit sa route au-delà de la barrière montagneuse, se ralentit et se réchauffe. Plus sec et plus chaud, cet air ne donnera aucune pluie et aucune chute de neige parvenu sur l'autre versant. C'est le phénomène du fœhn dans les Alpes. L'Himalaya joue aussi ce rôle de barrière à pluie. Le Népal reçoit l'eau, mais le Tibet, situé au-delà des montagnes, est aride. De même, les Andes bloquent les gros nuages venus de l'océan Atlantique à l'est.
En Europe, les Alpes autrichiennes sont également bien connues pour faire obstacle à l'air chaud et humide venu d'Italie.

Quand la ronde s'enraye...

L'eau que stockent les glaciers n'est pas toujours restituée dans la vallée de façon progressive. Parfois, le glacier comporte de véritables poches d'eau alimentées par la fonte printanière. Quand la pression de l'eau est trop forte, elle peut faire sauter la glace et donner naissance à des torrents furieux qui rejoignent la vallée, détruisant routes, ponts et maisons. La ronde de l'eau peut aussi s'enrayer lorsqu'une langue glaciaire ou des moraines (voir p. 16) obstruent une vallée adjacente. Le barrage naturel ainsi formé empêche l'eau de s'écouler. Un lac se crée et la pression qu'il exerce peut finir par rompre le barrage naturel. De fantastiques masses d'eau mêlées de terre et de roche dévalent alors la pente et inondent la vallée.

Les lacs

Dès que le relief offre un obstacle à l'eau, elle s'accumule et forme un lac. C'est pourquoi la montagne en compte tant.

Au-delà de 2 400 m

La plupart des lacs sont liés au retrait des glaciers qui ont creusé des cuvettes ou formé des barrages en déplaçant de gros blocs de roche. Tous diffèrent par leur forme, leur superficie ou leur profondeur. Plus les lacs sont élevés, plus ils sont froids et plus la vie y est réduite. Ainsi, dans les Alpes ou les Pyrénées, aucun poisson ne vit dans les eaux qui se trouvent à plus de 2 800 m d'altitude. Seules y vivent de petites algues. Il faut dire que ces lacs sont gelés plus de dix mois sur douze ! Et, en été, la température ne dépasse pas 5 °C.

Des lacs plus accueillants

Plus les lacs sont bas et plus les conditions sont favorables à la vie. C'est à partir de 2 400 m que les poissons font leur apparition. Encore la vie est-elle très limitée dans ces lacs gelés 9 mois de l'année. À 1 500 m d'altitude, c'est déjà beaucoup mieux : l'été, les eaux sont quand même à 12 °C. Quant aux grands lacs formés en limite de vallée glaciaire, ils abritent une vie très dense et très complexe. Ce sont de véritables petites mers nées il y a 18 000 ans, à la fin de la dernière glaciation.

Des lacs de toutes les couleurs

On évoque souvent la transparence des lacs de montagne. Le champion en la matière se trouve au Japon. Le lac de Mashu pulvérise en effet tous les records de transparence des lacs de montagnes. On y distingue encore un objet placé à 42 m de profondeur ! Mais la pureté des eaux peut être troublée par des minéraux.
Une forte teneur en fer donnera ainsi des eaux un peu jaunes. Les végétaux et les algues peuvent aussi apporter une coloration.
Le lac de Tovel, dans les Alpes, prend par exemple une surprenante teinte rouge sang quand, l'été, grâce à des eaux devenues plus chaudes, apparaissent de minuscules petites algues : des euglènes.

Et sous la mer...

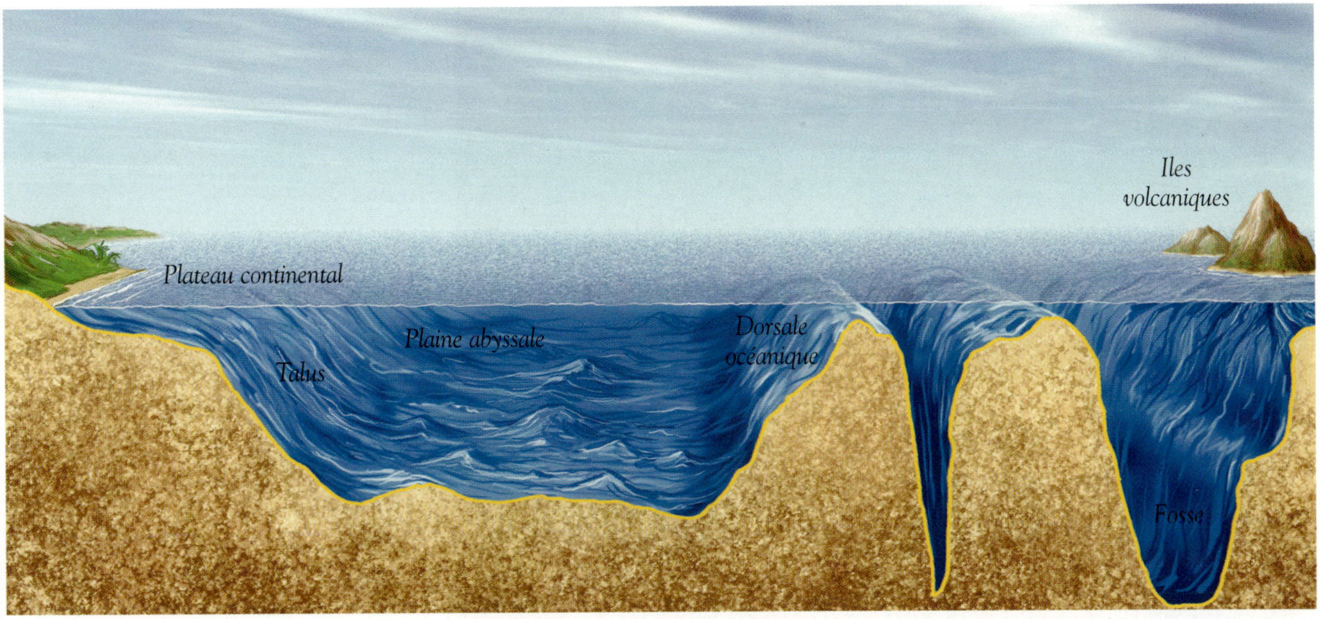

Le fond des océans présente des reliefs comparables à ceux des continents. La plus grande chaîne de montagnes du monde est même sous-marine !

Les monts sous-marins

Plusieurs dizaines de milliers de monts sous-marins se dressent au fond des océans, sans que leur sommet n'émerge. La plupart sont d'origine volcanique. Ils forment de véritables pics rocheux dépassant 1 000 m de haut. Certains sont alignés, comme la chaîne des monts de l'Empereur, au nord du Pacifique, qui s'étire sur 6 000 km de long. Elle culmine à près de 5 000 m de haut. D'autres sont isolés, comme le Grand Météore, dans l'Atlantique Nord, qui s'élève à 4 000 m.

Les dorsales

Avec une longueur totale de 60 000 km, l'immense chaîne qu'elles forment est quatre fois plus longue que la cordillère des Andes, les montagnes Rocheuses et l'Himalaya réunis ! Il s'agit de l'ensemble des dorsales océaniques, des reliefs sous-marins qui marquent l'expansion des plaques océaniques. Du magma jaillit en leur centre formant, en refroidissant, de la croûte océanique qui pousse de part et d'autre les plaques. Elles s'écartent à la vitesse de 1 à 2 cm par an au milieu de l'Atlantique, jusqu'à 16 cm par an dans le Pacifique. Ce puissant et incessant mouvement fait naître des montagnes de 2 000 à 3 000 m de haut sur une largeur de 1 000 à 2 000 km !

Des oasis de vie

Les courants des profondeurs sont déviés vers le haut par le relief sous-marin. Ils apportent des éléments de nourriture très riches qui font proliférer la faune et la flore dans ces milieux.

Une météc

En montagne, les orages peuvent être aussi soudains que violents. Il faut être prudent et toujours prendre connaissance de la météo avant de partir en randonnée.

En montagne, le temps ne cesse de changer, et un beau soleil peut rapidement faire place à de redoutables orages. Les montagnes offrent ainsi les phénomènes météorologiques les plus surprenants.

Le chant des abeilles
Parfois, les crêtes et les arêtes des montagnes semblent chanter. Elles émettent un bourdonnement continu semblable à ce que l'on entend sous un pylône électrique par temps humide. De petites étincelles bleutées peuvent apparaître. C'est le signe qu'un orage se prépare et que la foudre va bientôt frapper. Le massif est alors couvert de gros nuages sombres, des cumulo-nimbus, qui forment des gros panaches de plusieurs kilomètres de hauteur ! C'est une des situations les plus dangereuses que redoutent tous les alpinistes. Plusieurs sont morts foudroyés. Dans ces moments, l'air est « électrisé ». De petits éclairs de quelques centimètres se forment sur les pointes rocheuses. Ils émettent un bourdonnement bien caractéristique. Ces crépitements sont souvent les prémices d'un gigantesque éclair qui zébrera le ciel depuis le sommet de la montagne jusqu'aux nuages. La température de la foudre peut atteindre deux fois celle du soleil !

Un temps très instable
En montagne, le soleil et le relief s'associent pour créer des mouvements d'air. Ainsi, l'été, par une belle matinée, les premiers rayons du soleil réchauffent l'air de la vallée. Celui-ci s'élève le long des pentes et transporte avec lui de l'humidité. En hauteur, où il fait plus froid, il peut former de gros nuages orageux en fin de journée. S'il n'y a pas d'orages, l'air se rafraîchit le

capricieuse

soir et coule vers la vallée. C'est cet incessant aller-retour de l'air qui rend la météo si instable.

D'étranges soucoupes volantes

On voit parfois, immobiles au-dessus des sommets, de drôles de nuages qui ressemblent à des soucoupes volantes. Les météorologues les appellent nuages lenticulaires, en forme de lentille. Il y en a souvent au-dessus du mont Blanc, en France. Les gens de la vallée l'appellent « l'âne ». C'est le relief qui est à l'origine de cette drôle de forme. L'air qui arrive sur la montagne est soulevé jusqu'au sommet. Ensuite, il ne redescend pas immédiatement vers la vallée mais ondule. L'air étant entraîné tantôt vers le haut tantôt vers le bas, un nuage se forme et disparaît sans cesse en un même endroit du ciel.

Maillot en haut, doudoune en bas !

A priori, plus on s'élève en montagne, plus les températures chutent : de 6,5 °C en moyenne tous les 1 000 m. Pourtant, l'hiver, on peut parfois grelotter dans la vallée, alors qu'il fait plutôt doux en hauteur. L'écart de température peut exceptionnellement être de 20 °C ! Dans certaines conditions, il arrive en hiver que l'air froid de l'atmosphère devienne très lourd. Il tombe alors et comprime l'air en dessous. Les températures en montagne grimpent. Plus bas, autour de 1 000 m d'altitude, une magnifique mer de nuages empêche le soleil de percer et, dans la vallée, on grelotte.

Le nuage lenticulaire est dû à des mouvements de masses d'air qui font onduler le nuage sur le relief.

Les conditions météorologiques font parfois s'inverser les températures entre la montagne et la vallée.

Les montagnes

Les montagnes sont présentes sur toute la planète. Elles couvrent le quart de la superficie des terres émergées, mais il y a aussi des chaînes de montagnes sous les océans.

Différentes et semblables

Aucune montagne ne ressemble à une autre. Leur altitude, leur végétation, leur climat et leur faune diffèrent. Les montagnes offrent ainsi une incroyable diversité de vies, de formes et de couleurs. Elles présentent pourtant bien des points communs, à commencer par la rudesse et la fragilité de leur milieu. Les paysages de glaciers se retrouvent dans la plupart des montagnes du monde, de même peut-on rencontrer des animaux montagnards d'espèces voisines d'un continent à l'autre. Le bouquetin de l'Himalaya est ainsi très proche de son cousin des Alpes (voir p. 46). La végétation elle-même offre des similarités étonnantes.

Les plus jeunes chaînes...

Les montagnes naissent et vieillissent, attaquées par l'érosion. Les plus jeunes sont apparues il y a 50 à 70 millions d'années. Le plus haut de leurs sommets, l'Everest, s'élève à 8 850 m. Toutefois, la plupart de ces montagnes ne dépassent pas 4 000 m. Elles se dressent cependant comme des murailles infranchissables, hérissées de pics et d'arêtes vives.

Elles dessinent ainsi deux grands alignements à la surface de la Terre. La première trace une grande ligne du nord au sud sur toute la façade ouest du continent américain. Elle s'étend de l'Alaska à la Terre de Feu et comprend deux grandes chaînes : les Rocheuses et les Andes. L'autre grand alignement

du monde

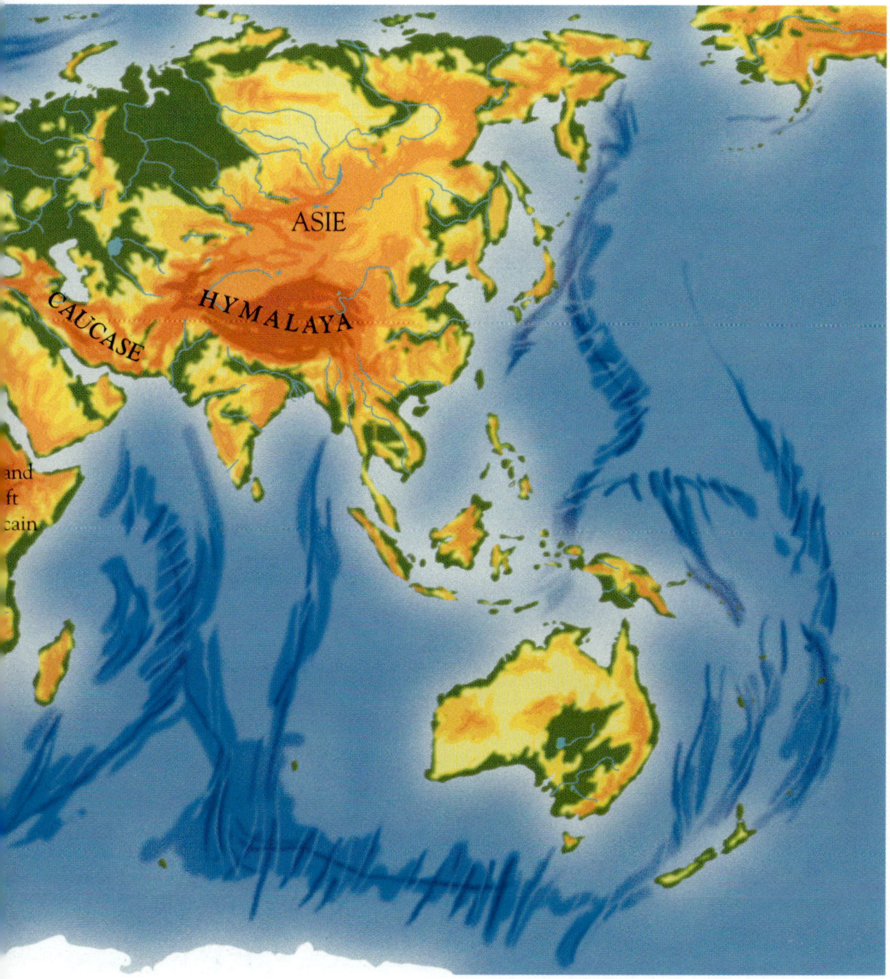

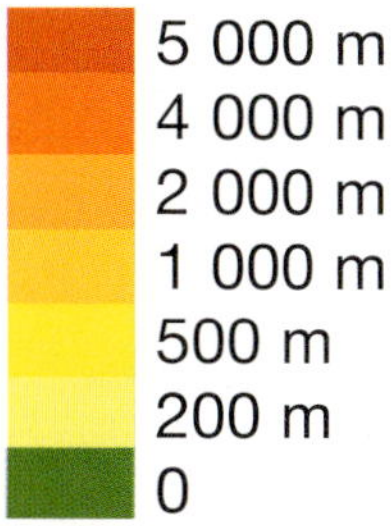

court du sud de l'Europe jusqu'au sud de l'Asie. Elle englobe principalement les Pyrénées, les Alpes, le Caucase et l'Himalaya.

... et les plus vieilles

Les plus anciennes montagnes, quant à elles, n'offrent plus que des sommets tout en rondeur et des pentes très douces. Leur altitude ne dépasse pas 1 500 m. Ces vieilles dames ont plus de 300 millions d'années. Le vent, la pluie, le gel les ont peu à peu érodées. Les Highlands, en Écosse, dont le plus haut sommet, le Ben Nevis, atteint difficilement 1 343 m, sont une chaîne de montagnes anciennes. Plus petit encore, le Massif armoricain, en France, lui, ne dépasse pas 300 m ! D'autres chaînes de montagnes se sont aplanies de la sorte dans le monde au cours des millions d'années, parmi lesquelles les Vosges et le Massif central en France, le Hoggar en Afrique et les Appalaches aux États-Unis.

Les volcans

Ils sont plus de 1 500 autour du globe. Certains sont endormis depuis longtemps, d'autres en revanche sont toujours très actifs. Ils peuvent se présenter isolés dans le paysage ou, le plus souvent, regroupés au sein d'une même chaîne. La plus longue forme la Ceinture de feu du Pacifique. Elle dessine un gigantesque arc autour de l'océan Pacifique. Longeant les côtes de l'Asie, elle se poursuit par les Rocheuses et les Andes.

L'Himalaya : la

Culminant à 8 848 m, l'Everest est non seulement le plus haut sommet de l'Himalaya mais aussi de la planète. C'est pourquoi on le surnomme le « toit du monde ».

La chaîne de l'Himalaya compte les plus hauts sommets de la planète. Trente d'entre eux s'élèvent à plus de 7 500 m et treize dépassent les 8 000 m.

Une terrible collision

La naissance de l'Himalaya débute il y a 100 millions d'années. L'Inde se trouve alors proche de l'Afrique. Elle est séparée de l'Asie par un océan, la Téthys. La plaque indienne se rapproche inexorablement de la plaque asiatique à la vitesse d'un mètre par an. Il y a 50 millions d'années, les deux plaques finissent par se rencontrer.
La collision est terrible, les deux plaques se soulèvent et se plissent. La Téthys disparaît à mesure que se soulève une toute jeune montagne : l'Himalaya. L'Inde continue aujourd'hui encore à s'encastrer dans le continent asiatique au rythme de 5 cm par an, faisant s'élever la chaîne himalayenne de 1 à 10 mm chaque année.

Une muraille vertigineuse

La chaîne de l'Himalaya est un gigantesque croissant qui borde le nord de l'Inde. Large de 240 à 500 km, elle s'étend sur une longueur de 2 800 km, depuis le Tadjikistan jusqu'en Chine en passant par le Népal, le Bhoutan et le Pakistan. Le nord de la chaîne se prolonge par un haut plateau, une terre quasi plate, qui culmine à 4 000 m. Cette muraille n'est pas infranchissable car l'érosion y a creusé des vallées et des cols qui sont autant de passages possibles pour les hommes.

Celui qui touche le ciel

Cette chaîne abrite 3 pics de plus de 8 500 m, dont l'Everest qui bat tous les records avec ses 8 848 m. Les Népalais l'appellent le Sargamanta : « celui qui touche le ciel ». Vu depuis le Népal, il forme une colossale pyramide. C'est sans doute la hauteur de ses cimes qui vaut à cette chaîne le nom d'Himalaya, qui signifie en sanskrit, une langue indienne, la « demeure des neiges ».

demeure des neiges

Marcheurs et leurs porteurs dans l'Himalaya. En arrière-plan, le K2, deuxième plus haut sommet du monde avec 8 610 m.

Le royaume des géants
L'Himalaya est le royaume de la démesure. Les crêtes acérées des sommets surplombent des pentes d'une raideur extrême. Ce sont des à-pics le plus souvent gelés. Les glaciers forment des fleuves de glace de plusieurs kilomètres et donnent naissance à des torrents impétueux impressionnants, aussi larges que des fleuves d'Europe. Ces torrents ont taillé dans la roche de profondes gorges. Aucun paysage équivalent n'existe de par le monde.

Des pluies torrentielles
Cet univers de neige et de glace est soumis à la mousson. D'octobre à avril, le climat y est sec, en revanche, à partir de mai-juin, d'épais nuages s'accrochent aux sommets. C'est le début de la mousson. Elle provoque de violents orages qui peuvent durer deux ou trois jours. De prodigieuses quantités d'eau sont déversées dans les plaines et, dans les montagnes, la neige tombe en abondance. C'est essentiellement durant cette saison humide que les glaciers sont alimentés. L'Himalaya est une véritable barrière qui bloque les nuages. L'air qui vient de l'océan déverse alors toute son eau sur le versant sud de l'Himalaya.
Au nord de la chaîne, l'air est trop sec pour apporter suffisamment d'eau.
C'est pourquoi le plateau tibétain est aussi désertique.

La cordillère

Les Andes, deuxième plus haute chaîne au monde, tirent leur nom de la langue quechua « andi » qui signifie hautes crêtes.

De la mer des Antilles à l'océan Antarctique, la cordillère des Andes serpente le long de l'Amérique du Sud sur 8 000 km. C'est la plus longue chaîne du monde. Elle culmine à presque 7 000 m.

Une chaîne volcanique et un plateau

Il y a 100 millions d'années, la plaque de Nazca s'enfonce sous la plaque sud-américaine. Cela provoque une remontée de magma, de la roche en fusion. Une première chaîne volcanique apparaît. Elle longe toute la côte. En glissant, la plaque de Nazca pousse la plaque sud-américaine comme le ferait un bulldozer et la croûte terrestre se plisse. Des montagnes surgissent. Quand la poussée s'arrête, la plaque sud-américaine se relâche : les plis s'affaissent pour former des vallées et de hauts plateaux comme l'Altiplano. La jeune chaîne continue aujourd'hui de pousser inexorablement. La forte activité volcanique de la région et les tremblements de terre fréquents en sont les témoignages directs.

La grande traversée

Bordant toute l'Amérique latine à l'ouest, le long du littoral, la cordillère des Andes traverse sept pays s'étirant de la Colombie à l'Argentine en passant par l'Équateur, le Venezuela, le Pérou, la Bolivie et le Chili. Elle offre ainsi sur une même chaîne une extraordinaire variété de climats et donc de faune et de flore. Avec environ mille sommets qui dépassent 5 000 m, les Andes sont la deuxième plus haute chaîne du globe derrière l'Himalaya. La « cordillère blanche », au Pérou, ne comporte pas moins de 722 glaciers répartis sur 200 km de long, c'est la plus longue chaîne de montagnes glaciaires sous les tropiques. Ce sont d'ailleurs ses glaciers qui lui valent d'être appelée « blanche ».

Le plus haut des volcans

Avec une hauteur de 6 962 m, l'Aconcagua, à la frontière de l'Argentine et du Chili, dépasse tous les sommets andins. Il est même visible depuis la côte à 200 km de là. Son nom

des Andes

Le volcan Aconcagua, situé en Argentine, est le sommet le plus haut de toute l'Amérique du Sud (6 962 m).

signifie en quechua (une langue indienne) « sentinelle de pierre ». Ce sommet est le plus haut volcan du monde, mais il est éteint depuis au moins 9 millions d'années. Les Andes abritent bien d'autres volcans qui, eux, sont encore en activité, comme le Cotopaxi. Situé en Équateur, il culmine à 5 897 m et c'est le volcan actif le plus haut de la planète.

Une terre de richesses

Les Andes représentent aussi le royaume de l'argent, de l'étain, du cuivre et bien sûr de l'or. C'est ce dernier qui attira les conquérants espagnols qui envahirent l'Amérique du Sud au XVe siècle, après la découverte de ce *Nouveau Monde* par Christophe Colomb en 1492. Ils surnommèrent d'ailleurs ces terres nouvelles l'*Eldorado* (*le Doré* en espagnol). Les sous-sols recèlent en effet d'importants gisements de ces très précieux minerais. Pendant trois siècles, les mines de Potosi, en Bolivie, fournirent ainsi des tonnes d'argent et enrichirent les habitants de cette ville. La Colombie, quant à elle, est la championne mondiale de la production d'émeraudes, tant par la quantité que par la qualité de ses pierres précieuses. Leur superbe couleur verte, unique au monde, fait des émeraudes colombiennes des pierres très recherchées.

La mine d'or d'Inti Raymi, en Bolivie. Le sous-sol des Andes est particulièrement riche en métaux.

Les Rocheuses : une

Bordant l'ouest de l'Amérique du Nord, les Rocheuses sont les plus jeunes montagnes du continent. Elles dressent une barrière de 5 000 km de long entre le Pacifique, à l'ouest, et de grandes plaines qui s'étirent à perte de vue à l'est.

Une région mouvementée

L'histoire des Rocheuses commence il y a 80 millions d'années. La plaque pacifique coulisse alors vers l'est, sous la plaque nord-américaine qui se déplace vers l'ouest. À l'endroit où les plaques se rencontrent, le long de l'océan Pacifique, du magma surgit des profondeurs et créé des volcans. La croûte continentale se brise et des failles s'ouvrent, comme celle de San Andreas : une balafre de 1 000 km de long parallèle à la côte. La plaque continentale se plisse et forme plus à l'est l'immense chaîne des Rocheuses.

Un vaste ensemble montagneux

Courant de l'Alaska à la frontière mexicaine, les Rocheuses s'étalent sur une largeur qui peut atteindre 2 000 km ! Au nord, les Rocheuses canadiennes sont les cousines américaines des Alpes, tant elles leur ressemblent. Elles en ont les pentes raides et les crêtes acérées, en dépit d'une altitude plus modeste. Plusieurs sommets atteignent cependant plus de 4 000 m dans la partie étasunienne. Le record est détenu par le mont Elbert, le point culminant de toute la chaîne, avec 4 393 m d'altitude. L'ensemble montagneux qui constitue les Rocheuses ne s'arrête cependant pas à la chaîne seule. À l'ouest, se trouvent les chaînes côtières et, au

La faille de San Andreas, en Californie, est un témoignage bien visible du mouvement des plaques terrestres.

barrière de 5 000 km

Les reliefs du parc de Yosemite, aux États-Unis, sont prisés par les alpinistes. En arrière-plan apparaît l'étonnant Half Dome (demi-dôme).

centre, des plateaux. Si les Rocheuses canadiennes bénéficient d'un climat frais et humide, il n'en est pas de même aux États-Unis. La chaîne y est soumise à un climat sec, voire en certains endroits désertique.

Yellowstone

Le plateau de Yellowstone, au cœur des Rocheuses, perché à 2 500 m, témoigne de l'agitation du manteau terrestre. Il abrite la plus forte concentration de geysers au monde. On en compte environ 300, soit les deux tiers des geysers de la planète. La roche jaune affleurant dans le canyon qui traverse Yellowstone a donné son nom au parc (*yellow* signifie jaune en anglais). Cette couleur contraste avec le bleu profond des trois immenses lacs. Ce sont des caldeiras : des cuvettes formées par des volcans effondrés sur eux-mêmes. En réalité, l'ensemble du parc n'est qu'un supervolcan endormi. Son éruption, il y a 640 000 ans, fut sans doute apocalyptique. Ses cendres recouvrirent en effet les deux tiers des États-Unis. On pense qu'il se réveillera un jour et explosera de la même façon, mais personne ne sait encore quand.

La vallée de Yosemite

Elle se situe dans la Sierra Nevada, qui s'adosse à la chaîne côtière. C'est l'une des plus belles vallées du monde. Longue de 13 km et large d'à peine 1,5 km, elle est enchâssée entre deux parois hautes de 1 000 m. Les chutes d'eau de Yosemite comptent parmi les plus hautes du globe. Elles tombent d'une hauteur de 730 m ! Mais le symbole de Yosemite est sans conteste Half Dome. Un géant semble avoir tranché cet énorme rocher en deux, ne laissant qu'un demi-dôme.

Situé sur le plateau de Yellowstone, au cœur des Rocheuses, ce geyser est le plus célèbre du monde. Il jaillit jusqu'à 50 m de haut et se manifeste invariablement toutes les 70 min.

Les Alpes : un massif

Le mont Blanc (4 807 m), ci-contre, est le plus haut sommet des Alpes, mais c'est l'Elbrouz (5 642 m), dans le Caucase, que certains définissent comme le toit de l'Europe.

De la Méditerranée à l'Autriche, les Alpes forment un immense arc de cercle de 1 200 km. Elles abritent l'un des plus hauts sommets d'Europe : le mont Blanc.

Le grand choc

Comme l'Himalaya, les Alpes sont nées de la collision de deux grandes plaques : l'Europe et l'Afrique. Il y a 40 millions d'années, les deux plaques se rapprochent en effet. L'océan alpin qui les sépare alors disparaît, englouti dans le manteau terrestre. Le choc entre les deux plaques est violent.
Les grands sommets alpins surgissent. Ainsi, le célèbre Cervin, en Suisse, qui culmine en Europe à 4 478 m, est en réalité un morceau d'Afrique. Aujourd'hui, la plaque africaine continue sa progression vers l'Europe, faisant s'élever l'ouest des Alpes de 1 à 3 mm par an. En revanche, la partie de la chaîne qui est à l'est, a tendance à s'affaisser.

Le croissant alpin

La chaîne des Alpes s'étend sur toute l'Europe. Partie de la Méditerranée, elle bifurque ensuite vers l'est. Elle forme ainsi un énorme croissant qui traverse la France, l'Italie, la Suisse, le Liechtenstein, l'Autriche, l'Allemagne et la Slovénie. La chaîne offre des paysages spectaculaires faits de sommets abrupts, de vallées profondes et d'une multitude de glaciers.
Les Alpes comptent 128 pics de plus de 4 000 m. L'eau y tient une grande place. Les Alpes sont en effet le château d'eau de l'Europe. C'est dans cette chaîne que naissent de grands fleuves comme le Rhin, le Rhône ou le Danube.

Une région de lacs

Les Alpes comptent quelques grands réservoirs d'eau, des lacs immenses comme le lac de Garde en Italie et le lac de Constance en Autriche. Le lac Léman est le plus grand d'Europe de l'Ouest. Profond de 310 m,

en forme de croissant

Le glacier d'Aletsch, en Suisse, le plus long d'Europe (25 km).

il forme un arc de 70 km de long, dessinant une frontière naturelle entre la Suisse et la France. Il est né au cours des grandes glaciations qui ont rythmé le climat de la Terre durant ces derniers millions d'années. Le glacier du Rhône s'est avancé depuis les Alpes suisses plusieurs fois dans la vallée. Lentement, il a gratté et raboté la roche, creusant ainsi une vaste cuvette dans laquelle le lac s'est formé.

Plus de mille glaciers !
Pas moins de 1 300 glaciers parsèment les Alpes. La Suisse en abrite à elle seule la moitié, dont le plus grand glacier d'Europe. C'est celui d'Aletsch, long de 25 km et haut de 900 m ! Il représente une formidable réserve d'eau douce puisque, s'il fondait complètement, il pourrait fournir 1 litre d'eau à tous les habitants de la Terre pendant six ans. Le glacier des Bossons, qui naît au sommet du mont Blanc possède à lui seul deux records. Il représente le glacier le plus bas d'Europe (il descend jusqu'à 1 350 m d'altitude), et il détient en plus le record mondial du plus grand dénivelé puisque ce fleuve de glace descend de 3 500 m sur une distance de 8 km.

Les Alpes abritent de magnifiques grands lacs, comme le lac Majeur, situé en bordure sud du massif, entre l'Italie et la Suisse.

Les Pyrénées : de l'Atlar

Le pic du Midi d'Ossau, dans les Pyrénées françaises, 2 884 m.

Les Pyrénées dressent une frontière naturelle de 420 km entre la France et l'Espagne. Modeste par sa hauteur, son point culminant est à 3 404 m.

Une chaîne qui a connu deux naissances !

L'histoire des Pyrénées commence il y a 500 millions d'années. La Terre n'avait alors que deux continents : le Gondwana et la Laurasie. De leur rapprochement naît une première chaîne de montagnes beaucoup plus haute que les Pyrénées actuelles. En une centaine de millions d'années, l'érosion fait son œuvre et aplanit les sommets. Il y a 110 millions d'années, la plaque espagnole pivote et s'écarte de la France, laissant une immense et profonde fracture. Mais, il y a 40 millions d'années, la plaque africaine remonte vers le nord, donnant naissance aux Alpes. Elle pousse dans son déplacement la plaque espagnole. Le fossé qui était apparu se referme et les deux bords s'encastrent l'un dans l'autre. L'ancien massif est alors de nouveau soulevé et forme les « jeunes » Pyrénées que nous connaissons.

De l'Atlantique à la Méditerranée

Les Pyrénées s'étendent depuis l'océan Atlantique jusqu'à la mer Méditerranée. Elles offrent ainsi des paysages et des climats variés. Plutôt étroite, cette chaîne de montagnes ne dépasse pas 60 km de largeur à l'ouest et 140 km dans sa partie centrale. Bien qu'aussi jeunes que les Alpes, ses sommets sont moins élevés. Le point culminant, le pic d'Aneto, situé en Espagne, atteint seulement 3 404 m.
La Terre bouge encore sous le massif qui s'élève en moyenne de 8 mm par an, on dénombre d'ailleurs 500 séismes chaque année dans cette région. Toutefois, la plupart sont trop faibles pour être perçus par la population locale.

Un amphithéâtre naturel

Le cirque glaciaire de Gavarnie, qui se trouve dans la partie centrale des Pyrénées, est l'un des lieux les plus connus de la chaîne,

L'étonnant cirque de Gavarnie.

et cela dans le monde entier. Il forme un gigantesque amphithéâtre naturel de plus de 6 km de circonférence, fermé par de véritables murailles rocheuses qui s'élèvent jusqu'à 1 500 m de haut. Du sommet de ses pics se déversent à la belle saison de nombreuses cascades dont la plus impressionnante est championne d'Europe par sa hauteur : 420 m ! Le spectacle est extraordinaire et attire chaque été de nombreux touristes. Ce paysage fascinant résulte du plissement d'une couche de calcaire qui a été formée il y a près de 300 millions d'années et du lent rabotage d'énormes glaciers aujourd'hui disparus.

Des canyons vertigineux

De l'autre côté du cirque de Gavarnie se trouvent trois vertigineux canyons. Des falaises forment leurs parois verticales qui s'élèvent jusqu'à 1 000 m. Plus à l'ouest de la chaîne, se trouve aussi le massif de Néouvielle. Il bénéficie d'un microclimat exceptionnel dans les Pyrénées qui permet à la faune et à la flore de vivre à des records d'altitude.

L'impressionnant canyon d'Anisclo, en Espagne, dessine une gorge profonde de 600 m.

Quelques som

Les montagnes de l'Atlas, une barrière entre mer et désert.

L'Afrique est le continent des extrêmes où les déserts les plus brûlants de la planète côtoient d'imposantes montagnes. Leurs glaciers doivent affronter un soleil ardent, leurs reliefs défier l'eau et les vents.

Une barrière contre le désert

L'Atlas, au nord du continent, est la plus européenne des chaînes de montagnes d'Afrique. Elle a surgi il y a 10 millions d'années, de la rencontre de la plaque africaine avec la plaque européenne. Elle en a gardé des sommets pointus et élevés et des crêtes effilées. Son point culminant se trouve au Maroc. C'est le Djebel Toubkal qui s'élève à 4 167 m. L'Atlas s'étend sur trois pays : le Maroc où il est le plus haut, l'Algérie et la Tunisie où il plonge dans la Méditerranée. La chaîne longe le Sahara sur 2 000 km et forme ainsi une véritable barrière naturelle à l'avancée du désert vers la mer car les montagnes bloquent les nuages qui déversent leurs pluies sur les sommets.

Le toit de l'Afrique

Avec ses 5 895 m d'altitude, le Kilimandjaro est un gigantesque massif volcanique, l'un des plus étendus au monde. Il forme un immense cône de 90 km de diamètre ! Le colosse se dresse seul au milieu des plaines de Tanzanie. Plus haute montagne d'Afrique, il n'appartient à aucune chaîne. Le Kilimandjaro est ainsi également la plus haute montagne isolée de toute la planète. Son sommet est en réalité formé de deux cônes dont le plus élevé, le Kibo, est couronné de glace, qualifiée souvent de neiges éternelles. C'est un volcan qui n'est pas complètement éteint et laisse échapper encore quelques fumerolles. Sous l'effet du réchauffement de la planète, le Kibo a déjà

Mont Kenya

nets d'Afrique

L' Ol Doinyo Lengai, « la montagne de Dieu », en langue masaï, est une montagne volcanique en pleine formation qui culmine à 2 890 m et se trouve dans la région du Grand Rift.

perdu les quatre cinquièmes de ses neiges éternelles. Dans 15 ans, elles devraient avoir complètement disparu.

La grande vallée du rift

Le Kilimandjaro est un tout jeune volcan d'un million d'années qui témoigne d'une intense activité du manteau terrestre dans l'est de l'Afrique. Il est situé sur le parcours d'une fracture de 7 000 km de long, la grande vallée du rift. Visible depuis l'espace, elle s'étend de la mer Rouge jusqu'en Zambie. Cet immense fossé, qui peut atteindre jusqu'à 2 500 m de profondeur, marque l'écartement de la plaque africaine et de la plaque arabique. De cette séparation sont nés d'autres volcans, groupés comme le massif des Virunga, ou seuls comme le célèbre mont Kenya, deuxième plus haut sommet d'Afrique (5 200 m).

La ville du Cap et les monts de la Table.

Les monts de la Table

Les montagnes du Cap, situées à la pointe sud de l'Afrique, sont les plus vieilles du continent. Elles se sont formées il y a 380 millions d'années avant même que n'existe le continent africain tel qu'il est aujourd'hui. Fortement érodées, elles ne dépassent pas 2 000 m d'altitude. Le site des monts de la Table, qui domine la ville du Cap du haut de ses 1 086 m, est un plateau isolé parfaitement horizontal qui lui donne l'allure d'une table posée au bord de l'océan.

Le Caucase

Le mont d'Ushba, en Géorgie, dans le massif du Caucase. Un paysage proche de celui des Alpes.

Marquant la frontière naturelle entre l'Europe et l'Asie, le Caucase abrite le toit du continent européen, le mont Elbrouz et ses 5 642 m.

Une région à haut risque

Sur une carte, le Caucase semble être le prolongement des Alpes à l'est. La naissance du Caucase est complexe. Le phénomène qui a marqué le plus la chaîne est le choc entre la plaque arabique et l'Europe, au moment même où la plaque africaine soulevait les Alpes. La poussée de l'Arabie se poursuit encore aujourd'hui avec une grande violence. Elle donne de très nombreux séismes. Ainsi, en 1988, un terrible tremblement de terre qui fit plus de 50 000 morts secouait l'Arménie.

Une barrière infranchissable

Le Caucase s'étire sur près de 1 300 km presque en ligne droite entre la mer Noire et la mer Caspienne. Sa largeur varie entre 100 et 250 km. Il traverse la Géorgie, l'Arménie, l'Azerbaïdjan et la Russie. On compare souvent le Caucase aux Alpes, mais tout dans la chaîne caucasienne est plus démesuré. Nombreux sont en effet les sommets dépassant ou approchant les 5 000 m et on ne compte pas moins de 165 sommets qui s'élèvent à plus de 4 000 m d'altitude. La grande majorité des cols se trouvent à plus de 2 300 m.

Le toit de l'Europe

Le mont Elbrouz se situe dans la partie occidentale du Caucase, celle où se dressent les plus hauts sommets. Il s'agit en fait d'un volcan dont les dernières éruptions datent de plus de 1 500 ans. Des fumerolles témoignent encore de son activité. Il est constitué de deux cônes jumeaux qui culminent respectivement à 5 595 m et 5 642 m. Son dôme est coiffé de neiges persistantes qui alimentent plus de 20 glaciers.

L'Antarctique

Balayé par des vents glaciaux, l'Antarctique est un continent englouti sous une fantastique épaisseur de glace.

Le continent le plus élevé du globe

Avec une altitude moyenne de 2 400 m, l'Antarctique, au pôle Sud, est le continent le plus élevé au monde, plus haut encore que l'Asie, malgré la chaîne himalayenne. C'est que son socle rocheux est recouvert d'une épaisse couche de glace, une calotte qui peut atteindre jusqu'à 4 000 m d'épaisseur à certains endroits. Le sommet des montagnes parvient parfois à se dresser au-dessus de cette couche de glace en formant des pointes d'à peine 600 m.

La chaîne transantarctique

Une immense chaîne, appelée Transantarctique, coupe l'Antarctique en deux. Elle pourrait constituer un prolongement de la cordillère des Andes. Mais la preuve n'est pas encore faite. Longue de 4 000 km, elle fait partie des plus longues chaînes de montagnes de la planète. Elle traverse tout le continent et forme ainsi une barrière naturelle entre l'est et l'ouest de l'Antarctique.

Des sommets records

Le plus haut sommet de l'Antarctique culmine à 4 897 m. C'est le mont Vinson. Moins élevé, le mont Erebus (3 794 m) est un volcan toujours en activité qui contient un lac de lave en fusion. La neige qui le saupoudre est grise de la poussière de roche rejetée par le cratère, et les pentes sont parsemées de bombes volcaniques, des boules de magma solidifié. Enfin, c'est en Antarctique que se trouve le plus grand glacier de la planète : le glacier Lambert long de 400 km !

Des grimpeurs

Chamois

Bouquetins et chamois sont particulièrement bien adaptés au milieu montagnard. Doués pour l'escalade, ils se couvrent en outre d'une fourrure épaisse en hiver.

D'immenses cornes

Le mâle bouquetin est impressionnant. Sur sa tête se dressent d'immenses cornes qui pèsent jusqu'à 6 kg et peuvent atteindre 1 m. Pour les soulever, cet animal possède une solide musculature. Durant la saison des amours, en automne, ses cornes peuvent lui servir d'armes contre ses rivaux.

La femelle, quant à elle, se contente de petites cornes qui ne dépassent pas une vingtaine de centimètres. Elle s'en sert toutefois comme de pointes redoutables pour protéger ses petits.

Un champion de l'alpinisme

Le bouquetin est un très bon alpiniste, capable d'incroyables prouesses malgré ses 100 kg. Il possède en effet des coussinets très épais qui jouent le rôle d'antidérapants sous ses sabots. Il peut se promener ainsi aisément sur des parois rocheuses et abruptes que les grimpeurs les plus chevronnés n'escaladeraient pas sans corde.

L'hiver, une saison difficile

Le bouquetin a très bon appétit. À la belle saison, il peut dévorer 5 kg d'herbe par jour ! Mais l'hiver, la montagne est rude pour ces animaux qui doivent affronter un froid extrême. Ils s'épuisent en s'enfonçant dans la neige. Les plus faibles et les plus vieux (ceux qui atteignent une vingtaine d'années) meurent. Pourtant, les bouquetins restent dans les hauteurs. C'est en effet là, dans les pentes les plus raides où la neige ne peut se fixer, qu'ils trouvent encore une maigre nourriture : mousses, rameaux

Bouquetin

très agiles

Le petit du chamois, ou celui du bouquetin, représente une proie idéale pour l'aigle royal qui peut l'emporter dans ses serres.

de genévriers ou de rhododendrons...

Un athlète accompli

Le chamois est également un bon grimpeur. Chacune de ses pattes se termine par deux sabots articulés à la manière d'une pince. Le chamois trouve ainsi le meilleur appui possible sur les pentes escarpées. De plus, les bords tranchants de ses sabots s'accrochent sur la neige comme le feraient les crampons des alpinistes. Il peut de cette façon dévaler des pentes vertigineuses.

Un sauteur exemplaire

Puissant et souple, le chamois peut bondir à plus de 2 m de haut et sauter des ravins et des crevasses de plus de 5 m de large ! Il ne craint pas non plus de sauter de plus de 8 m de hauteur. Avec ses pattes longues et vigoureuses, il file vers les sommets à une vitesse record. Il lui faut à peine 15 minutes pour grimper 1 000 m, là où un homme mettrait deux heures !

Un cousin des Pyrénées

Plus petit que le chamois, l'isard est son cousin pyrénéen. Tous les deux ne forment qu'une même espèce et seules quelques différences les distinguent. Plus léger, l'isard pèse près de 10 kg de moins que le chamois. Ses cornes sont aussi plus fines. Menacé de disparaître dans les années 1950, il a depuis prospéré grâce à la protection que lui offre le parc national des Pyrénées.

Le mouflon

Il existe de nombreuses espèces de mouflons de par le monde. On le trouve en Asie, en Europe et en Amérique du Nord. S'il fréquente les hauteurs jusqu'à 5 000 m d'altitude, il se plaît aussi sur le plat. Ce n'est pas un vrai montagnard. Il n'aime d'ailleurs guère les pentes trop raides ni la neige.

Mouflon

Les marmottes

De la famille de l'écureuil, la marmotte est une grosse boule de poils qui adore les longues siestes au soleil. C'est une vraie montagnarde qui vit entre 1 300 et 2 800 m d'altitude. Elle occupe la plupart des massifs d'Europe, d'Asie et d'Amérique du Nord.

L'as des pelouses

Un corps trapu de 50 cm de long en moyenne, le poil gris fauve, de courtes oreilles, la marmotte possède quatre puissantes petites pattes dotées de griffes. Elles lui servent de pelleteuses pour creuser son terrier. Elle adore les espaces dégagés comme les pelouses alpines, car elles lui permettent de voir loin à l'horizon. Bien qu'elle ne puisse distinguer les détails, elle surveille les alentours à loisir et détecte rapidement la moindre menace : un aigle, par exemple, prêt à fondre sur elle pour l'emporter et la dévorer. C'est pour la même raison que l'entrée de son terrier offre toujours une vue panoramique imprenable.

Toujours en alerte

La marmotte n'a pas une très bonne vue, mais ses yeux légèrement de côté lui offrent un large champ de vision et lui permettent de détecter tout

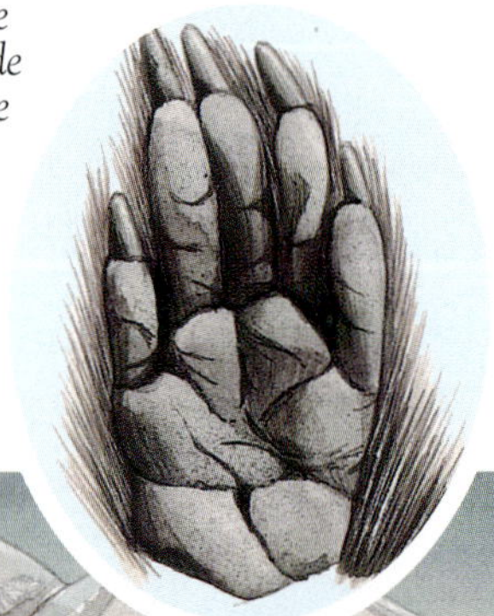

Patte arrière de marmotte

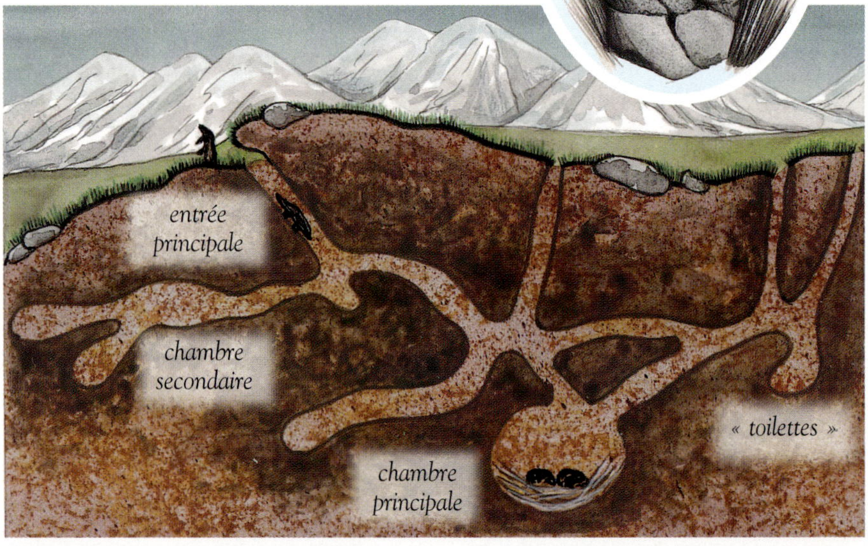

reines des pelouses

mouvement qui se produit autour d'elle. Son angle de vision est de 300°, le double de celui d'un homme. Dotée d'une ouïe et d'un odorat extrêmement sensibles, elle repère tout ce qui se trouve à moins de 300 m d'elle. Au moindre danger, comme la présence d'un prédateur, elle pousse un cri très perçant pour alerter ses congénères. Ce cri peut s'entendre à plus d'un kilomètre à la ronde. Toujours sur leurs gardes, les marmottes bondissent alors dans leur terrier.

Un été sans régime

Deux grandes incisives à l'avant, plus puissantes que celles d'un lapin, lui servent à couper l'herbe. Elle en ingurgite plus de 500 g par jour, ce qui équivaudrait pour l'homme à manger 6 kg de nourriture ! Elle consacre la moitié de sa journée à cette occupation. Pas étonnant que son poids double entre le printemps et l'automne ! Elle accumule ainsi des réserves de graisse pour supporter la longue période d'hibernation.

Un long sommeil

Pendant 6 mois, dès que la température descend au-dessous de 12 °C, elle hiberne. Bien au chaud au fond de son terrier, son organisme fonctionne au ralenti. C'est en septembre qu'elle coupe soigneusement les herbes qui serviront à confectionner un matelas moelleux pour son terrier. La marmotte hiberne en famille : le père, la mère et tous les petits qu'ils ont eus depuis les deux à trois dernières années. Un terrier peut alors rassembler une quinzaine de marmottes !

Une portée tous les deux ans

La saison des amours commence à la sortie de l'hibernation. Ce ne sont que jeux, parades et cris d'excitation. Les couples se forment, mais la femelle ne donne naissance à des petits qu'une fois tous les deux ans. La portée compte de deux à six marmottons pas plus gros qu'une souris. La mère les allaite pendant un mois et demi.

Une robe pour

Le lièvre variable et son pelage selon les saisons, en été, en automne et en hiver.

Tous les animaux des montagnes ne dorment pas durant l'hiver. Il leur faut alors se métamorphoser pour résister aux rigueurs du froid et éviter de se faire repérer avec un pelage sombre sur une neige blanche.

Un trio de choc

C'est le cas du lièvre variable, du lagopède et de l'hermine. Tous gardent une petite pointe noire pour rester tout de même visibles par leurs congénères. Tous trois vivent en haute montagne, se déplaçant jusqu'à 3 000 m d'altitude.

Le lièvre variable

Plus petit que son cousin des plaines, le lièvre variable n'en est pas moins un fameux coureur. En cas de danger, il peut détaler à la vitesse de 60 km/h. C'est également un habile grimpeur, capable de filer sur les pentes de neige les plus raides. Il doit cette agilité à ses larges pattes qui l'empêchent de s'enfoncer. Les solides ongles qui les terminent jouent le rôle de crampons et lui permettent de s'accrocher au manteau neigeux.

C'est un nocturne. Il se promène toute la nuit à la recherche d'herbages et regagne son abri aux premières lueurs de l'aube. L'hiver, il se nourrit surtout de l'écorce d'arbres.

Lagopède en été.

chaque saison

L'hermine, qui sait aussi se fondre dans le paysage, est une très bonne chasseuse.

Brun foncé en été, son pelage se couvre de plaques blanches à l'automne. Début décembre, il est tout vêtu de blanc. On l'appelle alors le blanchon. Seule la pointe des oreilles reste noire. Son épaisse fourrure le protège du froid.

Lagopède en hiver.

Le lagopède

Appelé également perdrix des neiges, le lagopède est passé maître dans l'art du camouflage. Avec son corps tout rond, il sait se faire très discret en toute saison. Il peut changer trois à quatre fois de couleurs dans l'année pour s'accorder à son milieu. Invisible dans le paysage, il sait aussi s'immobiliser complètement à l'approche d'une menace. Durant l'été, son plumage est plutôt brun. L'automne venu, il devient plus gris. Enfin, avec les premières neiges, il n'est plus qu'une grosse boule blanche. Les plumes de ses pattes s'allongent. Seuls émergent les ongles aux extrémités. Ainsi bottées, les pattes du lagopède sont protégées du froid et surtout elles s'appuient mieux sur la neige, comme s'il avait des raquettes. Le lagopède s'enfonce alors peu dans la neige et se déplace plus facilement. Ce marcheur infatigable peut parcourir de grandes distances pour chercher sa nourriture. L'hiver, il se contente de quelques herbes jaunies ou de lichen qu'il dégage de la neige avec ses pattes.

L'hermine

L'hermine est une terrible carnassière capable de s'attaquer à plus gros qu'elle. Elle peut se faufiler jusque dans les galeries que les campagnols aménagent l'hiver sous la neige. Elle y fait des carnages. Toujours en alerte, elle se montre très curieuse, allant parfois jusqu'à fureter près des refuges d'altitude où les randonneurs font halte. Ce prédateur sait aussi se faire très discret l'hiver venu. Son pelage brun-roux devient tout blanc, le bout de la queue excepté, qui reste noir.

Le loup, un animal

De l'Amérique du Nord à l'Asie en passant par l'Europe, le loup vit presque partout sur la planète. Il s'adapte à tous les milieux.

S'adapter à la montagne

Le loup n'est pas spécifiquement montagnard. Il est donc d'autant plus remarquable qu'il ait pu s'installer dans de nombreux massifs et aux altitudes les plus élevées, jusqu'à 5 000 m. C'est ainsi qu'on le trouve dans les Rocheuses, en Amérique, dans l'Himalaya, en Asie, ou bien en Europe, dans la chaîne du Caucase. Dans les Alpes françaises, il est vu pour la première fois dans le parc du Mercantour en 1992. Il vient sans doute de la chaîne italienne des Apennins. Les loups espagnols du nord de la Castille pourraient bien à leur tour gagner les Pyrénées.

Des goûts variés

Le loup noir est rare, tout comme le loup blanc. La couleur du pelage la plus commune est le gris.

Le loup mange tout ce qui passe sous son museau : oiseaux, petits carnivores comme l'hermine, mais aussi de grands herbivores comme le mouflon ou le chamois et même des poissons ! Un loup de 30 kg consomme 2 à 4 kg de viande par jour. Si les loups chassent en meutes, rien ne permet aujourd'hui d'affirmer qu'ils agissent ensemble en se répartissant des rôles précis.

L'ouïe et l'odorat

Le loup a une ouïe incomparable. Il peut entendre un de ses congénères hurler à plus de 10 km de distance !

de légende

Ne dépassant pas un mètre de long, le loup d'Éthiopie est plus petit que le loup gris et plus léger également, avec un poids inférieur à 18 kg.

Un animal à respecter

Dans de nombreux pays, le loup est tué par les chasseurs pour sa peau, mais aussi parce qu'ils le considèrent comme un rival insupportable. Les éleveurs de moutons ne l'apprécient pas non plus. Le loup s'attaque à leurs bêtes parfois sans surveillance et éparpillées dans la montagne. Pour éviter cela, les bergers doivent retrouver certaines pratiques d'autrefois, notamment garder les moutons avec des chiens comme le patou.

Son nez est extrêmement sensible. Les odeurs lui indiquent la piste d'une proie, la présence de loups inconnus et l'état de ses congénères : s'ils sont en colère, s'ils ont peur ou s'ils sont malades, par exemple. En revanche, le loup a une piètre vue. Il ne perçoit que des mouvements.

Le loup d'Abyssinie

Sur les hautes terres d'Éthiopie, entre 3 000 et 4 500 m d'altitude, se trouve l'un des animaux les plus rares d'Afrique : le loup d'Éthiopie, aussi appelé loup d'Abyssinie. Il vit en meutes comme le loup gris, mais, contrairement à lui, il chasse seul. C'est sans doute parce qu'il n'y a aucun gros gibier. Le loup d'Éthiopie se nourrit essentiellement de lièvres et surtout des petits rongeurs comme les rats-taupes géants qui pullulent dans la région.

Loups d'Abyssinie

Le yack

Cet animal imposant pèse jusqu'à une tonne. Il peut mesurer jusqu'à 3 m de long. Il est aussi pourvu de deux cornes longues de 90 cm.

Avec son allure massive et ses longs poils, le yack est l'animal symbole de l'Himalaya. Il vit sur les hauts plateaux et les montagnes de l'Asie centrale.

Bien adapté à son milieu

Le yack sauvage a presque complètement disparu, victime de la chasse et de sa domestication. Ils ne sont plus que quelques centaines dans les régions les plus reculées du Tibet, à une altitude de 4 800 à 5 800 m. Ils évitent soigneusement l'homme. Très résistant, le yack est un bon grimpeur malgré sa masse. Pour résister aux froids les plus rudes, jusqu'à – 40 °C, il possède une épaisse fourrure laineuse très dense et des poils raides qui peuvent mesurer 60 cm.

Une bête à tout faire

Séduit par la force tranquille du yack, l'homme en a fait un compagnon indispensable. Le yack peut en effet porter de très lourdes charges sur des chemins étroits et escarpés. Sa laine est utilisée pour fabriquer des tapis et des vêtements très chauds. Sa viande agrémente les plats et son lait est transformé en beurre. Ses bouses sont aussi récoltées, elles servent de combustibles.

L'ours brun...

Menacé en Europe

L'ours brun peuplait autrefois toute l'Europe, l'Afrique du Nord, l'Amérique du Nord et l'Asie centrale. Encore abondant sur ces deux derniers continents, il a malheureusement disparu de l'Afrique du Nord et pratiquement d'Europe de l'Ouest. Sa disparition est due à la chasse menée par les hommes et à son territoire peu à peu grignoté, notamment par les routes qui traversent les massifs montagneux.

L'ours vit surtout dans les forêts de montagne où il trouve des abris et une nourriture variée. C'est l'un des animaux les plus intelligents de ce milieu.

Un grand vagabond

Avec son corps massif, son épaisse fourrure, sa large tête et ses oreilles courtes, l'ours brun ressemble à une grosse peluche. Mais il ne faut pas s'y fier, c'est un animal sauvage, vif et agile. Il peut ainsi filer à plus de 50 km/h, la vitesse d'un cheval au galop. C'est d'ailleurs un grand vagabond qui peut parcourir jusqu'à 25 km par jour.

Une force étonnante

D'une très grande force, il possède de puissantes pattes qui sont munies de longues griffes recourbées. Elles peuvent devenir de terribles armes tranchantes. Ce mastodonte pèse en outre entre 100 et 350 kg, mais les plus gros ours bruns d'Alaska et du Kamtchatka (Sibérie) peuvent atteindre jusqu'à 750 kg ! Lorsqu'il se dresse sur ses deux pattes arrière, il apparaît alors comme un colosse mesurant jusqu'à 2,50 m de haut.

... les autres ours

Son « V » de fourrure blanche lui a valu son nom d'ours à collier.

Si l'ours brun est souvent le mieux connu, les montagnes abritent aussi d'autres espèces d'ours dont on parle moins et qui sont pourtant souvent menacées de disparaître si l'on n'y prend garde. C'est le cas de l'ours à collier et de l'ours à lunettes. Quant au grand panda, très rare, il est désormais très surveillé.

L'ours noir d'Asie

On l'appelle également ours à collier ou, plus poétiquement, « ours lune ». C'est le croissant blanc qu'il porte dessiné sur sa poitrine qui lui vaut ces noms. Le reste de son pelage épais est d'un beau noir profond. Il vit en montagne jusqu'à 4 000 m d'altitude dans les forêts d'Asie, de l'Iran au Japon en passant par l'Himalaya, le Bengladesh et la Chine. De taille moyenne, l'ours à collier mesure jusqu'à 1,80 m pour les mâles et son poids ne dépasse pas 125 kg. Il passe l'essentiel de sa journée dans les arbres, ce n'est que le soir qu'il s'éveille. Pour se reposer, il construit des nids de branches jusqu'à 20 m de haut ! Il aime les fruits, les nids d'abeilles, les insectes et les écorces d'arbres, dont certains sont des bois très précieux. Cela lui vaut la fureur des exploitants forestiers. Chaque année, 3 000 ours seraient tués pour cette raison.

L'ours à lunettes doit son nom aux deux cercles de couleur crème qui lui entourent les yeux, comme une paire de lunettes.

et le panda

Le grand panda est un agile acrobate, un excellent nageur et un très bon coureur.

En Inde, l'ours à collier s'en prend aussi au bétail.

L'ours à lunettes
C'est le seul ours qui vive en Amérique du Sud. Son habitat se réduit en raison du déboisement destiné à transformer les forêts en champs agricoles. L'ours à lunettes s'est réfugié dans les forêts denses et humides entre 1 800 m et 2 300 m d'altitude. On peut le rencontrer dans les Andes jusqu'à 4 000 m d'altitude, à la limite avec les neiges persistantes ! L'espèce est menacée. Il ne resterait pas plus de 2 000 ours à l'état sauvage. L'ours à lunettes peut se nourrir de lapins, d'oiseaux, voire de lamas ou de bétail. Mais il mange essentiellement des fruits, de la canne à sucre, du miel et du maïs cultivé. Comme il en dévore parfois de grandes quantités, les paysans enduisent les épis d'un puissant insecticide qui peut tuer une famille entière d'ours. Lui aussi est un excellent grimpeur qui passe une grande partie de son temps dans les arbres.

Le grand panda
C'est l'animal le plus rare au monde et l'une des espèces les plus menacées. Les grands pandas nc sont plus que quelques centaines en liberté. Leur espace naturel s'est réduit au profit de champs pour nourrir une population de plus en plus nombreuse. Ils vivent en Chine dans des zones qui bordent le plateau tibétain, entre 1 200 et 3 400 m d'altitude. Cet animal se nourrit presque exclusivement de bambous. Il en ingurgite jusqu'à 38 kg par jour ! Il en avale beaucoup car il ne retient que 20 % des éléments nutritifs de cette plante. Contrairement aux autres ours, le panda n'hiberne pas et ne grogne pas. Et, fait unique chez les ours, ses pattes possèdent un sixième doigt si développé qu'il l'utilise comme on le ferait avec notre pouce.

Des félins

Le puma est très à l'aise dans les endroits escarpés. Grâce à ses crocs acérés, il ne craint pas de s'attaquer à de grosses proies.

Souvent solitaires, les félins sont des animaux puissants et très intelligents. Dotés de terribles griffes et d'une solide mâchoire, ce sont les tueurs les plus efficaces de tous les carnivores.

Des atouts majeurs

Les félins possèdent une vue perçante et une ouïe fine, ce qui les rend particulièrement redoutables pour leurs proies. En revanche, l'odorat est un sens bien moins développé chez les félins que chez les chiens et les loups. Il leur sert surtout à communiquer entre eux, en repérant par exemple l'urine d'un congénère qui a délimité son territoire de chasse.

Le puma

Aussi appelé cougar, cet animal élancé a tout d'un athlète de haut niveau. Il peut bondir jusqu' à 5 m de haut et saute d'arbre en arbre avec une grande facilité. D'un poids léger, il ne pèse pas plus de 60 kg mais peut atteindre 3 m de long avec la queue. Il vit jusqu'à 4 000 m d'altitude dans les Rocheuses et les Andes. Il chasse la nuit souvent de grosses proies comme des cerfs (wapitis), des mouflons, de jeunes élans, des oursons et, dans les Andes, des guanacos. Mais il aime aussi les limaces et les sauterelles !

dans la neige

Chassés par l'homme pour leur fourrure, les onces ne seraient plus que 3 à 5 000.

Il ne poursuit pas ses proies, il se cache, attend le moment idéal pour les surprendre et les tue net d'une morsure à la nuque ou bien en leur brisant le cou d'un violent coup de patte. Voyageur infatigable, il parcourt de grandes distances pour chercher sa nourriture. Son territoire de chasse peut ainsi couvrir 1 000 km^2, dix fois la superficie de Paris !

Le lynx

Le lynx est présent dans presque toutes les montagnes du monde, en Europe, en Asie et en Amérique du Nord. En France, il vit dans les Vosges, le Jura et les Alpes. Il existe plusieurs sous-espèces. On en distingue surtout deux : le lynx d'Eurasie et le lynx d'Amérique du Nord, plus petit. Tous ont en commun des pinceaux de poils sur les oreilles, une collerette qui entoure leur cou et une queue très courte. Le lynx d'Eurasie consomme 2 à 3 kg de viande par jour. Il apprécie surtout les lièvres, les écureuils, les oiseaux et les petits rongeurs. Il peut s'attaquer aussi à des animaux beaucoup plus gros, comme le cerf, le chamois, voire des animaux domestiques, comme les moutons ou les chèvres.

Très délicat, le lynx décolle la peau de sa proie à mesure qu'il la dévore. Il délaisse les viscères.

La panthère des neiges

Également appelée once, c'est un animal solitaire qui aime les terrains escarpés. Elle vit dans les hautes montagnes d'Asie centrale, de l'Himalaya, entre 900 et 5 000 m d'altitude. Grâce à son épaisse fourrure, elle est particulièrement bien adaptée aux froids les plus rudes. Très agile, elle peut aussi faire des bonds de 5 m de haut ! Ses larges pattes l'empêchent de s'enfoncer dans la neige. Elle se nourrit surtout de moutons et de chèvres, mais ne dédaigne pas des animaux plus petits : marmottes, faisans ou perdrix. À l'inverse, elle peut s'attaquer à des proies beaucoup plus grosses qu'elle, comme un yack de plus de 200 kg ! L'once ne pèse pas plus de 75 kg pour une longueur de 1,50 m, sans compter une très longue queue d'un mètre. Celle-ci pourrait servir d'écharpe dans

Victime de la persécution des hommes et de l'exploitation des forêts où il vit, le tigre de Sibérie fait l'objet d'un programme de protection.

limité à une étroite bande, à l'est de la Sibérie. Il vit dans les forêts de conifères. Son épaisse fourrure et les couches de graisse qu'il accumule au niveau des flancs et du ventre le protègent des froids intenses de Sibérie où la température peut descendre jusqu'à – 50 °C. Menacé d'extinction à cause de l'homme, ces tigres ne seraient plus que 400 à l'état sauvage.

Le manul ressemble à un énorme chat de gouttière européen.

laquelle elle s'enroulerait pour se protéger du froid.

Le manul

Ce gros matou d'Asie, de la taille d'un chat domestique, n'a rien d'un chat de salon. Son long poil duveteux lui permet de supporter les froids les plus extrêmes, jusqu'à – 50 °C. Il déteste la neige. Si des flocons tombent, il rejoint rapidement la vallée. Ce montagnard, qui occupe les versants d'éboulis jusqu'à 5 000 m d'altitude, apprécie également les grandes immensités des plaines mongoles. Quand il chasse, il se tasse pour épouser le sol et ramper jusqu'à ses proies pour les surprendre. Il raffole de petits rongeurs comme les marmottes. Le cri du manul est très étonnant. Ce n'est pas un miaulement mais plutôt une sorte de hululement d'hibou !

Le tigre de Sibérie

Le tigre des neiges est le plus grand de tous les félins. Il peut mesurer jusqu'à 2,80 m de long sans la queue ! Le plus gros que l'on ait trouvé pesait plus de 380 kg. Autrefois vaste, son territoire est aujourd'hui

Les tétras

Son plumage noir à reflets bleus agrémenté de ses deux excroissances rouges au-dessus des yeux confèrent au grand tétras mâle une magnifique allure.

Le tétras-lyre mâle est un habitant des montagnes arborant un plumage superbe. Cette parure déploie toute sa beauté à la saison des amours.

Une technique contre le froid

Ce petit coq de bruyère vit jusqu'à 2 300 m d'altitude. Il se plaît dans les forêts de conifères avec clairière. S'il fréquente la montagne, on le trouve aussi dans les plaines, en Sibérie. C'est un animal qui vit sur un espace très réduit. En hiver, le tétras-lyre creuse une galerie dans la neige pour se protéger du froid la nuit. Plusieurs de ses congénères dorment de même à quelques mètres les uns des autres. Le matin venu, il perce la neige en s'envolant.

Danses amoureuses

Au printemps, la saison des amours venue, les tétras-lyres mâles organisent des parades extrêmement spectaculaires pour séduire les femelles. Leurs excroissances rouges au-dessus des yeux sont tellement gonflées qu'elles se rejoignent au sommet du crâne. Ils déploient leurs ailes à terre pour impressionner les rivaux. Les plumes du cou et de la poitrine se gonflent pour leur donner l'air plus gros. Puis un duel s'engage. Les mâles sautent l'un contre l'autre. Lorsque la femelle a choisi son mâle, le calme revient.

Le petit tétras ou tétras-lyre possède une queue qui s'ouvre en évantail. Il aime la lisière des clairières et des bois d'altitude.

Les éboueurs

Cet impressionnant rapace fréquente les endroits escarpés de la cordillère des Andes où il plane en cercle jusqu'à 6 000 m d'altitude.

Dès qu'un bouquetin ou une vache meurt en montagne, de maladie ou à la suite d'une chute, les rapaces entament leur ballet autour de la dépouille dans un vacarme infernal. Après le dépeçage de la charogne, le squelette lui-même est âprement disputé. À la fin, il ne reste plus rien de l'animal.

Le condor des Andes

Avec ses larges ailes de 3 m d'envergure, il est le plus grand oiseau volant du monde ! Grâce à elles, il peut facilement planer pendant des heures en haute altitude et s'élever à l'aide des courants chauds ascendants qui lui servent de véritable ascenseur. Ce vautour d'Amérique du Sud est un poids lourd des airs, il peut peser 12 kg. Il niche dans les anfractuosités de falaises inaccessibles. Son nid immense n'accueille qu'un seul petit tous les deux ans. Charognard, il se nourrit des carcasses d'animaux tels que le lama ou la vigogne.

Le vautour fauve

Présent dans les montagnes du sud de l'Europe et de l'Asie, ce magnifique planeur devient un gros pataud une fois au sol. Son corps lourd se balance à chaque pas. Son bec redoutable est une véritable arme capable de déchiqueter la viande et de racler les os.

Un groupe de condors en plein repas.

des montagnes

Les vautours fauves aiment la vie de groupe et vivent en colonies de plusieurs dizaines, voire de plusieurs centaines d'individus.

Les vautours se retrouvent souvent très nombreux autour d'une carcasse, une trentaine en général et même parfois plus d'une centaine sur le cadavre d'une vache ! Les vautours les plus affamés s'attaquent au repas et adoptent une attitude menaçante pour repousser les plus faibles : cou tendu et ailes à moitié ouvertes. Les autres suivent toutefois rapidement. La vue perçante des vautours fauves leur permet de distinguer des petits mammifères à plus de 3 km d'altitude ! En outre, doté d'une excellente mémoire, ces vautours peuvent retrouver la carcasse d'un animal plusieurs jours après l'avoir repérée au sol.

Le gypaète barbu

C'est l'un des plus grands oiseaux d'Europe, et aussi le plus rare. Il est présent ailleurs dans le monde comme dans l'Himalaya ou en Afrique. Ce rapace est aujourd'hui menacé de disparition. Peu friand de viande, il préfère les os et la moelle qu'elle contient. Il n'intervient donc sur un cadavre d'animal qu'une fois tous les autres charognards servis. Il peut avaler des os de 30 cm de long. S'il n'y arrive pas, il les casse. Il possède une technique très particulière qu'il ne maîtrise qu'au bout de longues années. Il emporte en effet l'os dans ses serres et le jette ensuite sur des pierres. Il engloutit les morceaux d'os tels quels. Son estomac sécrète des sucs aussi corrosifs que l'acide pour les dissoudre et les digérer.

Le gypaète barbu doit son nom aux plumes noires qu'il porte sous le bec et qui forment une barbichette.

L'aigle royal

Avec ses ailes imposantes de 2,50 m d'envergure, l'aigle royal, ce seigneur des sommets, est un véritable maître dans l'art du vol. C'est l'un des oiseaux les plus rapides du monde.

Un aviateur hors pair

Quand il repère une proie, l'aigle se transforme en bolide volant. Il rabat ses ailes et fonce sur elle à plus de 200 km/h ! Il est capable d'incroyables prouesses aériennes, volant parfois même sur le dos. Pour s'économiser, il utilise les courants d'air chaud montant. Il se laisse alors aspirer vers le haut en effectuant une large spirale.

Gare à ses talents de chasseur !

Grâce à sa vue perçante, il peut repérer une marmotte à 1 km. Ce carnivore a un appétit modeste : 230 g de viande par jour lui suffisent. Il peut même jeûner deux ou trois semaines durant l'hiver, quand le gibier est rare. Il se nourrit d'oiseaux, de serpents, de petits mammifères comme les campagnols, mais aussi d'animaux plus gros : chevreau de chamois, cabri de bouquetin, jeune renard… Grâce à ses serres, il emporte la proie dans son nid pour la dévorer. Il peut ainsi soulever jusqu'à deux fois son propre poids, soit près de 8 kg !

Une espèce à protéger

L'aigle royal évite la prolifération des petits mammifères, supprime les animaux malades ou trop faibles. Mais l'homme a falli le faire disparaître dans de nombreux pays. Désormais, l'espèce est toujours fragile. L'homme vient le déranger dans son nid pour le photographier ou lors de ses pratiques sportives.

Un couple d'aigles donne naissance chaque année généralement à deux aiglons.

Le chocard

De la taille d'un pigeon, le chocard est identifiable à son bec jaune et à ses pattes rouges. Les randonneurs l'appellent souvent par erreur « choucas », qui est lui un oiseau de plaine.

Proche parent du corbeau et de la corneille, le chocard est le champion des sommets. Il vit en effet au plus haut des montagnes et peut voler à près de 9 000 m d'altitude.

Un as de l'acrobatie

Il niche dans de petits trous situés dans des falaises inaccessibles. C'est un as du vol : loopings, vrilles, piqués... Il peut effectuer les figures aériennes les plus difficiles. Il profite lui aussi des courants chauds ascendants pour s'élever dans les airs sans pratiquement battre des ailes. Il se lance parfois dans le vide en piqué à 100 km/h.

Un régime varié

L'été, le chocard descend durant la journée en groupe dans les alpages pour y chercher sa nourriture. La petite troupe y déniche des insectes qui constituent l'essentiel de son alimentation, mais aussi des œufs de petits passereaux ou des fruits comme les myrtilles ou les airelles. L'hiver venu, avec le froid, la nourriture est plus maigre dans les alpages. Les chocards ne s'installent pas pour autant dans les vallées. Ils se contentent d'y descendre en groupe dans la journée. Les stations de sports d'hiver peuvent également représenter une aubaine pour ces volatiles qui y trouvent de quoi manger, notamment dans les poubelles.

Très sociable, le chocard vit en bande avec 100 à 200 de ses semblables. Ils forment de véritables escadrilles.

Les lamas et

Des lèvres habiles
Les lamas ont la lèvre supérieure fendue en deux, au milieu. Ils se servent des deux parties comme s'il s'agissait de doigts pour saisir délicatement les herbes. Ils peuvent ainsi se régaler de certaines plantes en évitant soigneusement les piquants. Leurs six incisives leur permettent de couper l'herbe qu'ils avalent sans même la mâcher. En effet, ils disposent d'un estomac conçu pour la digérer ainsi. Comme les vaches, ils ruminent ensuite longuement.

Le lama est l'animal le plus symbolique des Andes. Les alpagas, les vigognes et les guanacos, qui lui ressemblent, sont moins connus. Ils font tous partie de la même famille, celle des chameaux et des dromadaires, les camélidés, et vivent jusqu'à 5 000 m d'altitude.

L'animal des dieux
Le lama, comme son cousin l'alpaga, aurait été domestiqué il y a plus de 5 000 ans en Amérique du Sud. Le peuple inca, tout particulièrement, le vénérait et offrait sa chair aux dieux. Le lama servait déjà, comme aujourd'hui, de bête de somme. Il peut en effet porter 25 à 30 kg sur une vingtaine de kilomètres dans une journée ! Comme son cousin le chameau, il peut se contenter de très peu d'eau et de très peu de nourriture. Il ne dépasse pas 1,25 m de hauteur au garrot.

Groupe de guanacos.

eurs cousins

Plus petits que les lamas, les alpagas ont également été domestiqués très tôt, essentiellement pour la qualité de leur laine soyeuse.

Si les lamas et les alpagas sont nombreux (deux à trois millions pour chaque espèce), les guanacos sont plus rares.

Cracher pour intimider

S'il se querelle avec d'autres congénères, le lama rabat ses oreilles très en arrière et pointe la tête vers le ciel pour se grandir. Le plus souvent, un concours de crachats suffit à calmer les tensions sans qu'il soit nécessaire de se battre.

L'alpaga

On a toujours l'impression que l'alpaga a enfilé un énorme manteau de laine qui lui remonte jusqu'au cou. Sa toison est en effet particulièrement épaisse, elle est en outre fine et très soyeuse.

Ainsi, les alpagas sont élevés surtout pour les qualités de leur laine. De la taille de gros moutons, ils sont en effet trop petits pour le portage.

Des « lamas » sauvages

Le guanaco et la vigogne sont les deux camélidés sauvages des Andes. Les guanacos arpentent les grands espaces de Patagonie, au niveau de la mer, jusqu'au nord du Pérou, vers les hauteurs, entre 3 000 et 4 500 m, pour fuir les hommes. Le guanaco est le plus grand des camélidés andins, il atteint 1,30 m de hauteur pour un poids de 120 kg. Sa chair et sa peau sont appréciées. C'est pourquoi il est chassé et a même disparu de certaines régions d'Argentine. Quant à la vigogne, on la trouve au Pérou, en Bolivie et à l'extrême nord de l'Argentine, entre 3 000 et 4 500 m. Aujourd'hui, elle est protégée. Longtemps, les vigognes ont été tuées pour leur laine car leurs poils sont encore plus fins que ceux de l'alpaga.

De grands paisibles

Pour intimider, le gorille n'hésite pas à montrer ses terribles crocs.

Au cœur du continent africain, au Congo, se trouvent les Virungas, une chaîne volcanique qui s'étire d'est en ouest sur une centaine de kilomètres. Culminant à 4 000 m, elles sont le dernier refuge du gorille des montagnes.

Le plus grand des singes

Ce gorille est en effet le plus grand de tous les singes. Il impressionne par son imposante carrure. Dressé sur ses deux jambes, il mesure plus de 2,20 m. Véritable poids lourd, il pèse jusqu'à 180 kg. La femelle, plus légère, ne pèse que la moitié du poids du mâle.

Un animal tranquille

Les gorilles mènent une vie paisible. L'essentiel de leur activité est consacré à la quête de nourriture, à manger et à dormir. Contrairement à la légende, le gorille n'est pas un animal spécialement agressif. Face à l'homme, il est même plutôt peureux. Il préfère la fuite à l'attaque, sauf si ses petits ou ses congénères sont menacés. Il n'hésitera pas alors à déployer toute sa puissance pour les défendre. Il ne se laissera pas non plus impressionner par un autre gorille qu'il juge plus faible que lui. Il se lance alors dans une parade démonstrative. Il crie, se frappe la poitrine, montre ses redoutables crocs, jette de la terre et frappe violemment le sol. Dans le même temps, il avance et recule pour mieux intimider son adversaire.

Une vie en bandes

Les gorilles ne sont pas des solitaires. Ils vivent en famille de cinq à vingt gorilles. Chacun tient une place précise dans le groupe. Tous respectent l'autorité du vieux mâle dominant. C'est lui qui protège le groupe et le conduit vers la nourriture. Chaque jour, les gorilles se déplacent pour trouver leurs aliments : des feuilles, écorces et racines.
Ils en dévorent de grandes quantités. Les terres volcaniques des Virungas leur en offrent à profusion.

les gorilles

Les gorilles vivent en hardes de 5 à 20 individus. La nuit, le mâle adulte dort assis au pied d'un arbre, les autres sur des couchettes perchées aménagées chaque soir au milieu de branches et de feuilles.

Les braconniers sont une menace tout aussi importante. Ils vendent les peaux de ces animaux très cher. Une scientifique américaine, Diane Fossey, a d'ailleurs été assassinée en 1985 pour avoir tenté de lutter contre ces braconniers. Aujourd'hui, les quelque 400 gorilles des Virungas sont menacés de disparition.

Un nid pour la famille

Pour dormir, la plupart des gorilles se construisent chaque jour des nids douillets à terre ou dans un arbre pour les plus jeunes. Ce sont des entassements de branches et de feuilles constituant un épais matelas qui les isole du froid et de l'humidité. Le groupe de gorilles construit ainsi une série de nids séparés les uns des autres d'à peine quelques mètres. Parfois, le mâle délaisse le nid familial pour s'installer seul. Tout le groupe s'enfonce ensuite dans un long sommeil de plus de 13 heures.

Une espèce menacée

La terre riche des Virungas a aussi attiré les hommes très pauvres de ces régions. Pour survivre, ils doivent défricher les forêts afin de faire des cultures en terrasses. Mais celles-ci ne cessent de s'étendre et réduisent toujours davantage le territoire des gorilles.

Les femelles mettent au monde un petit tous les quatre ans environ. Les gorilles sont des parents très tendres qui ont des gestes maternels proches des nôtres.

Les singes

Les géladas traduisent leur colère par des grimaces. L'une d'elles est tout à fait unique. Elle consiste à retrousser les lèvres supérieures par-dessus le nez, dévoilant ainsi leurs dents et leurs gencives.

Les singes des montagnes sont soumis à une vie beaucoup plus rude que leurs cousins des plaines. Il leur faut en particulier supporter, l'hiver, un froid parfois intense et le manque de nourriture.

Les géladas

Ces singes ne vivent que sur les hauts plateaux d'Éthiopie entre 2 300 et 4 400 m d'altitude. De la famille des babouins, ils ont une tête avec un long museau et une dentition impressionnante. Au centre de leur poitrail se trouve une peau nue d'un rouge vif. Le climat très rude de ces hauteurs n'offre qu'une maigre nourriture à cet herbivore. C'est pourquoi il passe l'essentiel de ses journées à cueillir des brins d'herbe, assis sur son postérieur. Il lui arrive parfois d'aller piller les champs des paysans qui le chassent à coups de pierres.

Des refuges haut perchés

Pour dépenser un minimum d'énergie, ils se déplacent peu et le plus souvent en se traînant sur leurs fesses. Les géladas forment de grands groupes pouvant compter jusqu'à 400 singes. Pacifiques, ils évitent le plus possible les bagarres. Le soir venu, les géladas rejoignent leurs falaises vertigineuses dont les à-pics peuvent atteindre jusqu'à 2 000 m. Ils se protègent ainsi des prédateurs, notamment de la panthère.

Les magots

C'est dans les forêts de cèdres de l'Atlas marocain, entre 1 200 et 2 000 m d'altitude, que vit une autre espèce de primates : le singe magot. Il possède une épaisse fourrure pour supporter les terribles hivers. Avec l'arrivée de la neige, ce singe herbivore doit chercher sa nourriture sur les arbres. Il se contente alors d'un maigre lichen, de quelques feuilles et d'écorces.

Un groupe de magots.

C'est sans doute en observant les hommes que les macaques du Japon ont pris l'habitude de se plonger le corps dans les sources chaudes naturelles qu'on trouve dans ce pays.

Les mâles sont des pères exemplaires et peuvent à l'occasion s'occuper des petits. Parfois, ils sont même deux à faire la toilette d'un seul bébé.

La présence d'un petit singe sert souvent à apaiser les relations entre mâles adultes et même à rapprocher certains membres du groupe. Quand l'heure de se coucher est venue, les femelles dorment avec des petits par groupes de deux ou trois. Le singe magot est une espèce menacée. Il n'en reste plus qu'une dizaine de milliers. La destruction des forêts pour y faire paître le bétail en est la cause principale. Mais la capture de bébés singes, ensuite vendus illégalement dans les pays riches, est également une cause bien réelle de leur disparition.

Les macaques du Japon
Ce sont les singes qui vivent le plus au nord. Ils habitent sur les hauts plateaux du pays. Comme chez le magot, l'épaisse fourrure d'hiver du macaque japonais lui assure une protection efficace contre les plus grands froids. Il supporte des températures de – 20 °C. Le plus étonnant est sans doute de voir les macaques prendre, l'hiver, des bains chauds à 40 °C dans l'une des nombreuses sources naturelles d'eau chaude qui existent au Japon. Ce comportement ne date que des années 1960. Sans doute un jour des singes ont-ils vu des humains se baigner de la sorte comme les Japonais en ont l'habitude. Ils ont essayé à leur tour. Et l'expérience a dû tellement leur plaire que ces bains font aujourd'hui complètement partie de leur comportement habituel.

Le desman

Méconnu, le desman est un animal très rare. Il ne vit que dans les Pyrénées et les massifs montagneux du nord-ouest de l'Espagne et du nord du Portugal.

Une drôle de taupe

Le desman est l'une des petites bêtes les plus insolites qui soit. Il ressemble à une grosse touffe de poils munie d'une trompe, de pattes palmées et d'une longue queue écailleuse. Celle-ci représente près de la moitié du corps du desman long de 25 cm. Le desman, très discret, se laisse rarement observé et l'on connaît encore peu de choses sur lui. Sans doute aussi parce qu'il vit surtout la nuit. Proche parent de la taupe, il ne vit pas sous terre mais préfère les torrents et les lacs d'altitude. S'il est surtout présent autour de 400 m, il a été vu jusqu'à 2 200 m.

Vive l'eau !

Dans l'eau, il perd son air pataud. Sa silhouette devient fuselée. Ses puissantes pattes arrière palmées l'aident à se propulser. Elles sont pourvues de grosses griffes qui permettent au desman de s'accrocher aux moindres aspérités quand le courant est très fort dans les torrents impétueux.

Une trompe bien utile

Sa trompe dispose de petits organes sensibles pour déceler les éléments qui l'environnent. C'est aussi grâce à elle qu'il peut analyser les odeurs dans l'eau et repérer ses proies : des invertébrés aquatiques et de petits insectes enfouis dans le sable.

Le desman peut rester en plongée pendant quatre longues minutes.

Papillons montagnards

En Europe, on trouve l'apollon jusqu'à 2 500 m d'altitude.

Quelques espèces de papillons affectionnent les milieux montagnards et ne craignent pas l'altitude. C'est le cas de l'apollon, le plus célèbre des papillons de montagne, et de l'isabelle, beaucoup plus rare.

De belles tâches rouges

L'apollon vit dans les massifs montagneux, depuis l'Europe jusqu'en Asie centrale... On le rencontre entre 800 et 2 500 m d'altitude. Une espèce voisine qui fréquente les pentes de l'Himalaya vit plus haut encore, à 5 000 m ! Ce papillon apprécie les alpages et les zones sèches de rocailles. L'envergure de ses ailes mesure autour de 6 cm. Ce sont ses belles tâches rouges cerclées de noir qui le caractérisent.

Une multitude d'espèces

Les papillons de cette espèce (vieille de plus de 20 000 ans) ont évolué différemment selon les lieux où ils se trouvaient, donnant naissance à une multitude de sous-espèces. Il en existe ainsi plusieurs dizaines seulement pour l'Europe.

Une espèce menacée

Les œufs de l'apollon patientent en général tout l'hiver avant qu'une jeune chenille n'éclose. Parfois, la douceur de l'automne fait naître prématurément la chenille. Elle doit attendre le printemps suivant pour se métamorphoser en papillon. L'apollon est aujourd'hui menacé en raison du réchauffement du climat et de la disparition des prairies au profit de la forêt que déteste ce papillon.

L'isabelle

Ce magnifique papillon de nuit ne se rencontre que dans les Pyrénées et le sud des Alpes. Ses grandes ailes sont ornées chacune d'un ocelle, un rond rouge et or cerclé de noir. Très rare, notamment parce qu'il a été longtemps chassé par les collectionneurs, l'isabelle est aujourd'hui une espèce protégée.

Isabelle

Un curieux baigneur

Aussi appelé « merle d'eau », le cincle plongeur est un cas unique. Ce drôle d'oiseau est en effet capable de plonger dans les torrents les plus impétueux, et même de nager.

Sept secondes sans respirer

Plus fort encore, il marche sous l'eau, au fond de la rivière, pour y chercher sa nourriture : des insectes aquatiques et leurs larves, de petits crustacés, des vers, des sangsues et des alevins (de petits poissons à peine sortis de leur œuf). Pour réaliser cette prouesse, il se met face au courant, la tête baissée et la queue relevée. De cette façon, l'eau qui glisse sur son corps le plaque au fond. En outre, ses ongles lui permettent de s'accrocher solidement au plus petit relief du sol ou d'un rocher. Le cincle reste ainsi sous l'eau quelques secondes.

Un plumage bien adapté

L'un des secrets du cincle se trouve dans son plumage. Il est si fin qu'il emprisonne de nombreuses petites bulles d'air. Celles-ci l'empêchent de se mouiller et l'allègent pour gagner rapidement la surface de l'eau.

Une vie au bord de l'eau

Cet oiseau vit au bord des torrents et des rivières rapides, bien oxygénées avec des remous et des cascades. Son territoire est une portion de cours d'eau de quelques centaines de mètres. Aucun autre couple n'y est toléré. Les couples de cincles plongeurs construisent une à deux fois par an des nids de mousse et de brindilles, près des cours d'eau, à l'abri d'un rocher ou entre des racines. La femelle y pond quatre à six œufs. Les petits sortent quinze jours plus tard. Ce sont déjà de fameux plongeurs et nageurs, avant même de savoir voler.

Le cincle peut marcher sous l'eau à contre-courant.

Animaux imaginaires ?

Le yeti, véritable homme singe ou légende…

Yeti, Almasty, Bigfoot… les montagnes du monde hébergeraient de drôles d'animaux sur deux pattes, une espèce entre l'homme et le singe.

Le yeti

Le petit yeti, que nous montre Hergé dans *Tintin au Tibet*, n'est pas un « abominable homme des neiges ». Cette créature serait au contraire plutôt craintive. Couvert d'une épaisse fourrure, le yeti ressemblerait à un orang-outan. Il mesurerait autour de 1,50 m et posséderait de longs bras descendant jusqu'aux genoux. S'il sait se tenir sur ses deux jambes, il préfère détaler à quatre pattes en cas de danger. Souvent représenté près des sommets enneigés, il vivrait plus bas, dans les forêts de rhododendrons.

Le grand yeti

Le petit yeti a des cousins beaucoup plus impressionnants que l'on retrouve en Chine, le grand yeti, aux États-Unis, Bigfoot ou Sasquatch, et dans les régions inaccessibles du Caucase, l'Almasty. L'animal serait un colosse de deux à trois mètres de haut, pesant entre 250 et 450 kg. Il serait un parent du gigantopithèque, un singe géant qui vivait dans la Chine du Sud il y a 500 000 ans.

Délire ou réalité ?

Les grands hommes singes que l'on décrit à travers le monde et qui peupleraient les montagnes sont-ils une légende ? De nombreux témoignages existent : des personnes les auraient vus ; ils auraient laissé des traces de leur passage (pas dans la neige, poils…).
Mais, faute de preuve bien réelle, les scientifiques doutent toujours de leur existence. Pour autant, cela ne veut pas dire qu'ils n'existent pas... Toutefois, les descriptions qui en sont faites restent un peu fantaisistes...

Sur la piste

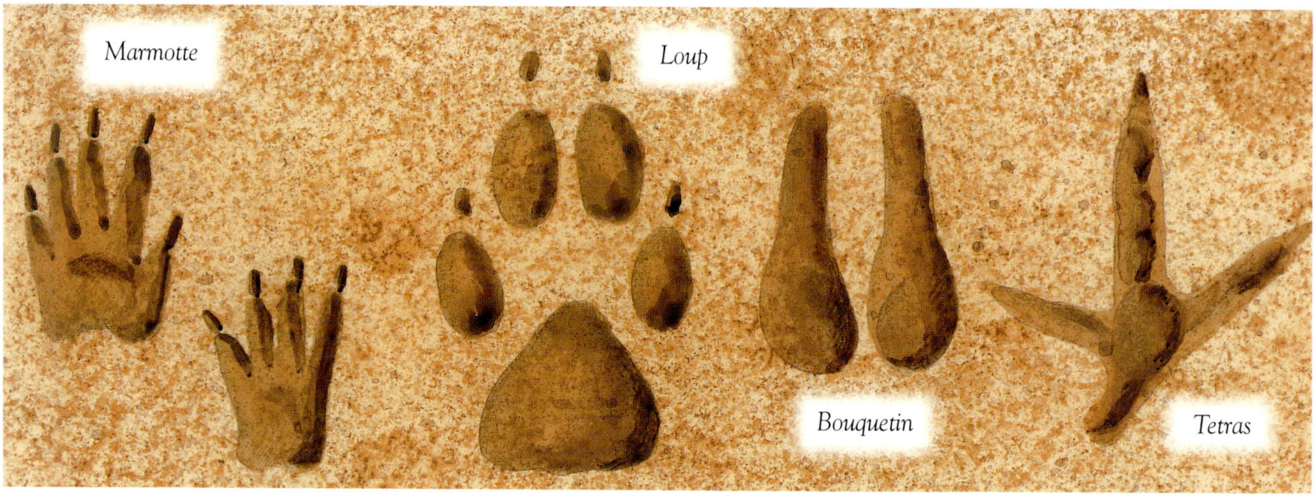

Même avec de très bonnes jumelles et beaucoup de patience, il n'est pas aisé de voir des animaux sauvages toujours très discrets et souvent farouches. Heureusement, ils laissent des tas d'indices qui en disent long sur eux.

Les empreintes

Les empreintes des animaux laissées dans la neige, la boue ou la vase, sont une mine d'informations. Uniques pour chaque espèce d'animal, elles se regroupent en trois grands types. Ainsi, les rongeurs, comme la marmotte ou le lièvre, laissent des traces plus ou moins en forme de mains avec la totalité des doigts. Mais si l'empreinte comporte une série de ronds serrés avec de petites pointes aux extrémités, c'est à coup sûr un carnivore qui est passé par là, comme l'ours ou l'hermine.
Les petites pointes sont les traces de ses griffes. Chaque patte des ongulés (animaux qui ont des sabots), comme le bouquetin ou le chamois, laissent dans le sol deux traces l'une à côté de l'autre. Ce sont des formes allongées arrondies à la base et qui se terminent en pointe, un peu comme deux pinces face à face.·

L'allure

L'examen attentif des empreintes permet également de savoir dans quelle direction l'animal est parti et à quelle allure. Plus les pas sont distants, plus l'animal allait vite. À pleine course, les pinces des ongulés ou les doigts des carnivores s'ouvrent au maximum. Les sauts peuvent laisser des traces très regroupées comme chez l'écureuil, car ils posent ses quatre pattes au même endroit. Le lièvre, en revanche, pose la première patte antérieure, puis juste devant une deuxième patte antérieure. Viennent enfin les deux pattes arrière qui retombent ensemble.

Les crottes

La forme des crottes dépend de l'alimentation des animaux. Les herbivores font le plus souvent des crottes plus ou moins rondes. Celles du lièvre forment de petites perles.

des animaux

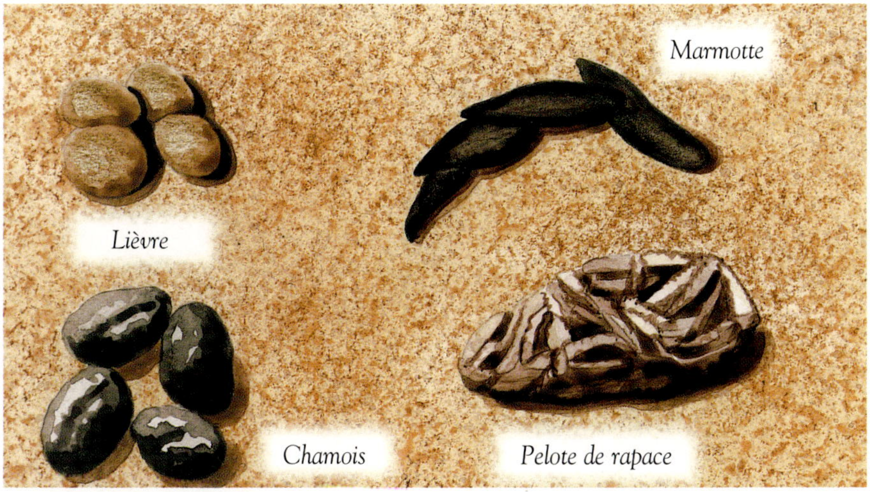

Leur odeur n'est pas plus désagréable que celle du crottin de cheval. En revanche, l'odeur des crottes de carnivores fraîche est nauséabonde. Elles ont une forme allongée et parfois torsadée. On y trouve souvent des traces de ce que l'animal a mangé : des poils, des plumes ou de petits os.

Les pelotes

Les oiseaux carnassiers, en particulier les rapaces ou les hiboux, avalent tout entière leur proie, mais leur estomac ne digère pas tout, notamment les plumes, les poils, certains petits os ou les carapaces d'insectes. Tous ces éléments se collent entre eux dans l'estomac et forment une petite boule appelée « pelote ». Les oiseaux finissent par la recracher. Son contenu est caractéristique de chaque type d'oiseau.

Les traces de repas

En mangeant, les animaux laissent souvent des restes (cadavres, graines, enveloppes de noisettes…) ou des traces sur les végétaux qu'ils consomment. En les étudiant soigneusement, on peut connaître quel gourmand est passé par là. Chaque animal a en effet son menu préféré et sa façon de manger. Une branche de résineux à laquelle il manque des épines ? C'est le tétras-lyre qui est venu manger. Un squelette de faon avec encore sa peau entière ? Le lynx n'est pas loin. Un cône d'épicéa complètement dénudé ? C'est le mulot qui a tout rongé. Il y a ainsi dans la nature des milliers de petits indices qui peuvent nous renseigner si on sait être fin observateur.

Un cône d'épicéa rongé par un mulot, une noisette évidée par un écureuil, les restes d'une carline (dont la marmotte adore les fleurs), une écorce rongée par un lièvre… Ce sont autant d'indices visibles en montagnes et qui nous renseignent sur ses habitants.

Une végétation

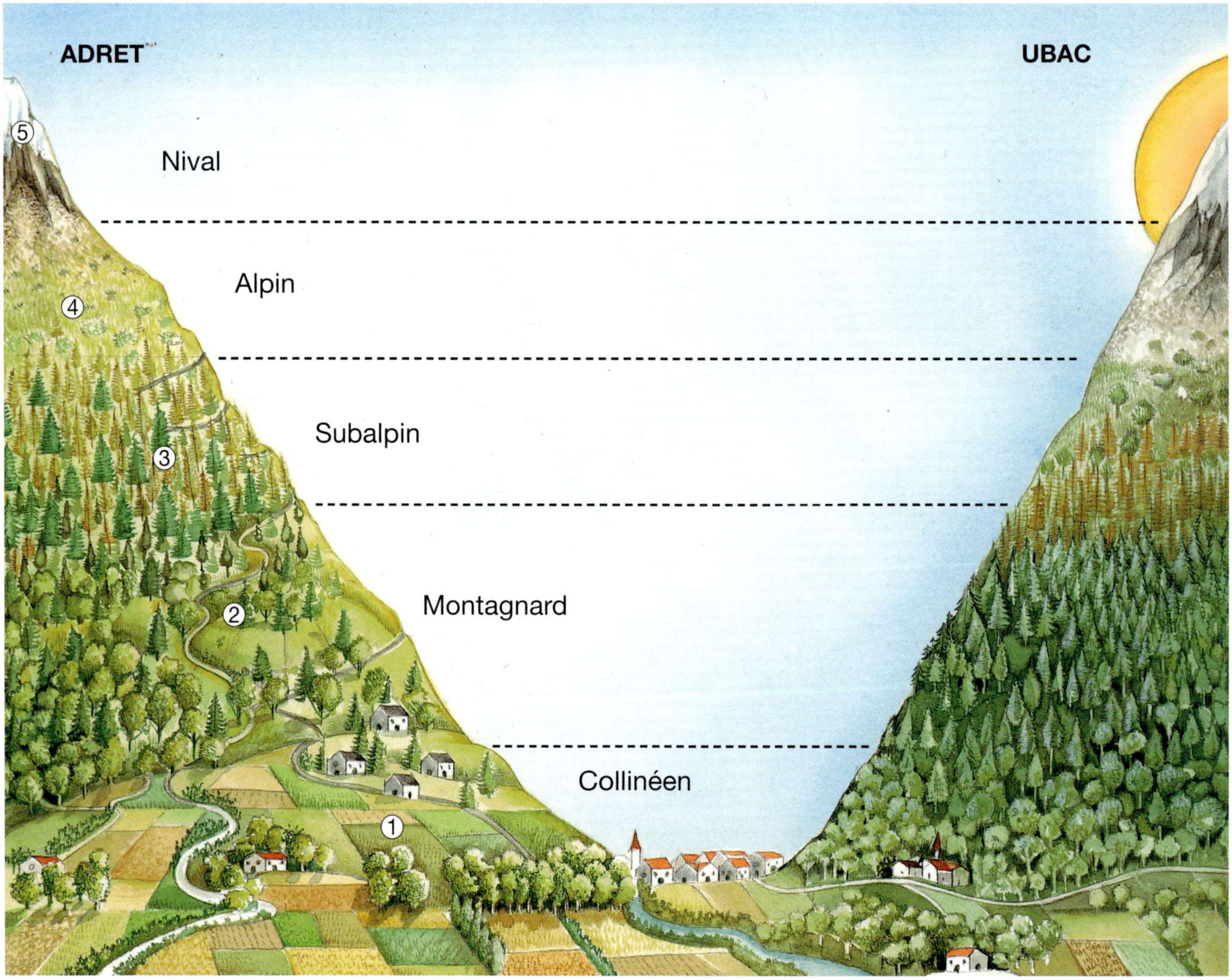

Sur toutes les montagnes de la planète, les plantes se développent différemment selon l'altitude. Elles se répartissent sur les pentes par étages en fonction des conditions qui leur sont les plus favorables.

À chaque altitude, des conditions différentes
À 3 000 m d'altitude, les conditions de vie d'une plante sont plus rudes qu'à 1 000 m. La température y est beaucoup plus basse. Certaines plantes s'en contentent. D'autres, en revanche, ne peuvent se développer. Des Andes aux Rocheuses, en passant par les Alpes, les étages de végétation ne sont pas tout à fait les mêmes car le climat diffère. Mais, globalement, la végétation s'organise toujours en quatre grands niveaux. Chacun des étages se

par étages

retrouve simplement décalé à une altitude plus élevée sous les tropiques par rapport à l'Europe. Car, pour une même altitude, plus les montagnes sont proches de l'équateur, plus la température augmente.

Sur toutes les montagnes du monde

Au pied de toutes les montagnes du monde se trouve un premier étage de végétation qui ressemble à la plaine. Dans les Andes, sous l'équateur, se développe ainsi une forêt tropicale luxuriante, tandis que dans les Rocheuses, bien plus au nord, on trouve des prairies. Au-dessus, c'est le domaine de la forêt. Plus haut encore, les arbres laissent la place à une zone de pelouses d'herbes et de petites plantes rases. Enfin, proche des sommets, c'est le dernier étage, le domaine des rochers et des neiges éternelles.

L'étage collinéen (1)

En Europe, le premier étage de végétation commence dans la vallée pour se terminer vers 1 000 m d'altitude. C'est l'étage collinéen, proche des villages. Les cultures y sont très présentes. Il y fait 15 °C en moyenne sur l'année. Comme en plaine, la végétation a neuf mois pour se développer, entre la fin de l'hiver et le début de l'automne.

L'étage montagnard (2)

À l'étage montagnard qui suit, et jusqu'à 1 800 m, cette période où la végétation se développe n'est plus que de 6 mois. Le reste de l'année, il fait trop froid. La température moyenne y est cependant encore assez douce : entre 15 °C et 8 °C. Cela convient bien à la forêt, qui domine à cet étage. Les arbres sont aussi bien des feuillus, comme les hêtres et les bouleaux, que des résineux, comme les sapins ou les mélèzes.

L'étage subalpin (3)

L'étage subalpin, entre 1 800 et 2 400 m environ, présente des conditions déjà assez rudes. La température moyenne de l'année ne dépasse pas 5 °C au plus haut. Et la végétation n'a plus au maximum que cinq mois pour s'épanouir. La forêt, plus clairsemée, n'est plus constituée que de résineux.

L'étage alpin (4)

Après une zone de transition où s'achève la forêt, l'étage alpin s'étend jusqu'à 3 000 m, la limite des neiges éternelles. Avec une température moyenne qui ne dépasse pas 3 °C, les conditions sont celles du Grand Nord. La végétation n'a que trois mois d'activité. Ce sont les alpages : de vastes pelouses parsemées de petites fleurs, comme les primevères.

L'étage nival (5)

C'est l'étage ultime où la neige peut persister toute l'année. Dans cet univers de pierre ne résistent que quelques rares plantes bien adaptées à ce milieu difficile, comme l'androsace ou la renoncule des glaciers (voir p. 87).

Que sont l'ubac et l'adret ?

Dans une même vallée, les limites des étages et la nature de la végétation diffèrent quelque peu selon l'ensoleillement. Le versant le mieux exposé, l'adret, peut recevoir jusqu'à dix fois plus de soleil que le versant opposé, l'ubac.
Le climat y est donc plus sec et plus chaud.

Des arbres de

L'épicéa

Sa silhouette pyramidale est reconnaissable entre toutes : c'est celle du sapin de Noël. Ce grand arbre peut atteindre jusqu'à 60 m de haut. Il pousse un peu partout, pourvu qu'il ait suffisamment d'eau et qu'il fasse assez froid. Son milieu préféré est toutefois l'étage montagnard, jusqu'à 1 700 m d'altitude. Ses aiguilles, en se décomposant au sol, rendent le sol si acide que presque plus rien ne peut y pousser. Les plus vieux épicéas atteignent l'âge vénérable de 600 ans !

Le sapin pectiné

Avec ses racines plantées profondément dans le sol, le sapin se tient bien droit. Son tronc s'élève jusqu'à 60 m de haut. S'il s'étend surtout entre 700 et 1 100 m d'altitude, on le rencontre jusqu'à 2 000 m, comme dans les Pyrénées. C'est le garde-manger et l'abri de nombreux animaux. Le tétras-lyre dévore ses aiguilles et une multitude d'insectes se régalent de l'écorce, du bois et des cônes. Cet arbre peut vivre jusqu'à près de 500 ans.

Le mélèze

C'est le seul conifère qui jaunisse à l'automne et perde ses aiguilles à l'entrée de l'hiver. Il prospère particulièrement entre 1 200 et 2 400 m d'altitude. Il lui faut toutefois beaucoup de lumière et beaucoup d'eau. C'est un arbre de taille moyenne qui ne dépasse pas 35 m. Plus l'altitude est élevée, plus il pousse lentement. Ainsi, il faut attendre quinze ans pour qu'il atteigne 2 m de hauteur, à 1 700 m d'altitude, et pas moins de 50 ans 800 m plus haut.

montagne

Le hêtre

Cet arbre n'est pas typiquement montagnard, mais il pousse jusqu'à 1 700 m d'altitude. Il aime le froid et l'humidité. C'est un redoutable concurrent pour le sapin pectiné qu'il a tendance à éliminer. Son ombre empêche en effet les autres espèces de pousser sous sa frondaison. Son record de longévité est de 518 ans mais, en général, il meurt au bout de 200 ans. Le hêtre offre de la nourriture pour de nombreux animaux tel le mulot, très friand de ses fruits.

Le sorbier des oiseleurs

C'est un arbre de 15 m de haut, particulièrement répandu en plaine et en montagne. On le trouve jusqu'à 2 400 m d'altitude. Il a besoin de beaucoup de lumière pour s'épanouir. Il aime les forêts claires dans lesquelles se côtoient feuillus et conifères. On l'appelle aussi sorbier des oiseaux, car ses petits fruits rouges, les sorbes, sont très appréciés des oiseaux. Persistant longtemps pendant l'hiver, il constitue une précieuse réserve de nourriture.

Le séquoia géant

Ce pin est l'un des plus grands arbres au monde. Il peut mesurer jusqu'à 83 m de haut et 30 m de circonférence ! Le jeune séquoia grandit pendant une centaine d'années. Ensuite, c'est son tronc qui ne cesse de grossir. Cet arbre vit en Californie entre 1 400 et 2 500 m d'altitude. Il peut atteindre l'âge incroyable de 3 000 ans. Le séquoia a bien du mal à se reproduire : ses cônes peuvent rester vingt ans accrochés à l'arbre avant de tomber et de répandre ses pignes.

Des arbres de

Le rhododendron

Son nom latin signifie l'arbre à la rose. Au printemps, il porte en effet au bout de ses rameaux de magnifiques bouquets de fleurs blanches, roses ou violettes.
Le rhododendron, qui mesure jusqu'à 30 m de haut en Asie, apprécie les montagnes. On le rencontre notamment dans les Pyrénées, les Alpes et l'Himalaya où il pousse jusqu'à 3 000 m. Les forêts de rhododendrons y sont très réputées, pour leur beauté bien sûr, mais aussi parce que s'y cacherait le mystérieux yéti !

Le cèdre

Ce conifère se plaît dans les régions peu arrosées entre 1 500 et 2 400 m d'altitude.
Il en existe quatre espèces : cèdre du Liban, de l'Atlas, de l'Himalaya et de Chypre.
Le cèdre mesure de 30 à 50 m de haut. La cime du cèdre du Liban devient plate en vieillissant, lui donnant la forme d'un gigantesque parasol.
Son cousin d'Himalaya, avec son tronc incliné en haut, est moins majestueux.
Le plus élancé est celui de l'Atlas. Les cèdres les plus âgés ont 1 000 ans.

Le genévrier

Il ne mesure pas plus de 5 à 10 m. Le plus grand spécimen atteint la taille record de 26 m. Le genévrie est très résistant. Il peut vivre dans des sols pauvres jusqu'à 4 500 m d'altitude. L'arbre atteint souvent plus de 1 000 ans. Le plus vieux genévrier a aujourd'hui près de 1 600 ans. Dans le parc Yosemite, dans les Rocheuses aux États-Unis, à 2 400 m, des genévriers croissent sous un climat très aride et semblent pousser à même le granite, leurs racines s'insinuant dans les anfractuosités de la roche.

montagne

Le pin cembro

Il vit jusqu'à la limite supérieure de la forêt, entre 1 200 et 2 600 m d'altitude. Ce pin est reconnaissable à ses aiguilles groupées par cinq. Sa forme peut être trapue, en œuf ou pyramidale. Il mesure jusqu'à 25 m de hauteur. En haute montagne, il supporte les conditions de climat les plus difficiles : froid intense l'hiver et période de végétation courte. Il grandit très lentement. De nombreux pins cembro sont millénaires.

L'aulne vert

Ce petit arbre ne mesure pas plus de 4 m de haut maximum. On le trouve le plus souvent regroupé en petits bosquets. C'est une espèce pionnière. C'est-à-dire qu'elle est une des premières à reconquérir les zones déboisées, comme des pâturages délaissés ou des couloirs d'avalanche. Ses racines fixent le sol et l'enrichissent en produisant naturellement de l'engrais. L'aulne vert prépare ainsi le terrain à d'autres espèces végétales qui pourront pousser au même endroit et prendront sa place petit à petit.

Le pin à crochets

Il doit son nom aux écailles de ses cônes qui forment de petits crochets. Cet arbre, qui peut atteindre 25 m de haut, est particulièrement résistant : il supporte les plus grands froids, les vents les plus forts, les sols les plus pauvres et les pentes les plus abruptes. C'est dans les Pyrénées qu'il bat des records d'altitude. On le trouve à plus de 2 600 m. Ses aiguilles sont groupées par deux. Il peut vivre plusieurs siècles. Certains pins encore vivants ont plus de 1 000 ans.

Des forêts de brouillard

Les forêts de brouillard sont menacées de disparaître à cause du réchauffement de la planète mais surtout de l'homme qui les défriche de plus en plus pour faire des cultures ou de l'élevage.

Baignées souvent dans les nuages ou le brouillard, ces forêts se trouvent essentiellement dans les régions tropicales du globe entre 1 000 et 3 000 m d'altitude. Elles hébergent un nombre exceptionnel d'espèces de plantes et d'animaux rares.

Des arbres à pluie

Dans les régions tropicales, poussée par les vents, l'eau des nuages se condense sur les feuillages et ruisselle jusqu'au sol. Cela apporte à ces forêts une humidité exceptionnelle qui s'ajoute à celle apportée par les pluies. C'est même parfois la source essentielle d'eau sur certains massifs arides. Ces forêts de montagne abritent des espèces qui vivent seulement dans ces milieux, comme les gorilles des montagnes en Afrique, ou l'ours à lunettes dans les Andes. Elles servent de refuge et de garde-manger pour de nombreux oiseaux de montagne en saison sèche, quand la nourriture diminue dans les autres forêts.

Un vaste réservoir d'eau

Les arbres, très denses, sont souvent petits, inférieurs à 7 m, et très tortueux. C'est que les conditions climatiques sont plus rudes que dans la vallée : la température est plus basse de 10 °C et, surtout, la luminosité est faible en raison du brouillard. Ils sont couverts de lichens, de mousses et de merveilleuses orchidées. Ces forêts abritent parfois des fougères géantes, de véritables arbres. Le sol épais est souvent gorgé d'eau et couvert de mousses qui permettent à la végétation de supporter des périodes plus sèches.

Les lichens

Moitié algue et moitié champignon, les lichens sont d'infatigables et résistants conquérants de la montagne. Ils se développent partout, même quand la vie semble impossible.

Une étrange association

Algue ou champignon ? En vérité, les lichens sont une curieuse association des deux. Le champignon est toutefois très largement majoritaire puisque son poids représente 95 % de la masse du lichen. L'algue fabrique à partir du soleil et de l'air de quoi nourrir le champignon. En retour, le champignon enveloppe soigneusement l'algue de ses filaments pour la protéger, en particulier de la sécheresse. Il lui fournit également de la vitamine C pour la stimuler.

Une grande résistance

Grâce à cette alliance, le lichen résiste aux conditions les plus difficiles de la haute montagne. Il supporte l'extrême sécheresse et des températures allant jusqu'à 60 °C. Pour cela, il met son organisme au ralenti. Et dès que l'air devient humide, il joue les buvards et pompe très rapidement la précieuse eau. De la même façon, les lichens résistent aux nuits les plus froides de la haute montagne et peuvent supporter des températures de – 75 °C pendant plusieurs jours.

Indicateur de pollution

Véritable éponge, le lichen absorbe tout ce qui passe dans l'atmosphère, y compris les polluants qui peuvent être un véritable poison pour lui. Quand il n'y a pas de lichens, c'est le signe que l'air est extrêmement pollué.

Lichens « cheveux de sorcière » s'accrochant aux arbres.

Des tapis de

Les falaises et les éboulis abritent des plantes qui ont su s'adapter à ce milieu difficile. Certaines ne pourraient d'ailleurs pas vivre ailleurs.

Un univers de pierres

Les falaises n'offrent que de rares corniches ou de petites cavités où les plantes peuvent s'installer. Celles-ci doivent affronter la neige et la glace l'hiver. En été, elles subissent de grandes variations de température. La roche est brûlante la journée et glacée la nuit. Les éboulis ne sont pas un terrain plus accueillant : les pierres sont instables, le sol est pauvre et sec car il est incapable de retenir l'eau.

La saxifrage à feuilles opposées

En latin, son nom signifie « qui brise les pierres ». C'est peut-être pourquoi on la trouve parfois nichée dans la fissure d'un rocher. Elle forme de petites touffes dont les feuilles restent vertes même par les températures les plus basses. Ses fleurs, rose foncé à violacées, apparaissent dès la fonte des neiges. Le vent dissémine ses graines mais elle se reproduit aussi à partir de ses tiges cassées qui s'enracinent. Elle pousse entre 1 600 et 3 800 m.

Saxifrage

Le tabouret à feuilles rondes

Avec ses racines souples qui peuvent pivoter, cette plante ne craint pas l'instabilité des éboulis. Elle forme de petites colonies très denses. Ses petites fleurs dessinent un bouquet arrondi. Elle conquiert du terrain en lançant autour d'elle des tiges rampantes qui s'enracinent. Elle pousse entre 1 600 et 3 000 m.

Tabouret à feuilles rondes

L'oreille d'ours

Elle doit son nom à ses feuilles charnues et ovales qui évoquent des oreilles d'ours. Elle donne de petites fleurs jaune clair parfumées.

toutes les couleurs

Oreille d'ours

On la trouve jusqu'à 2 500 m d'altitude. Les oreilles d'ours ne sont jamais groupées en grand nombre.

La renoncule des glaciers

C'est une championne de l'altitude. Elle pousse jusqu'à 4 500 m. Peu de fleurs atteignent de telles hauteurs dans les Alpes. Elle se plaît surtout dans les éboulis rendus humides par la fonte des glaciers et des névés. Chacun de ses pieds comporte plusieurs fleurs, blanches à l'intérieur et rouges à l'extérieur.

Renoncule des glaciers

L'edelweiss

C'est la plus célèbre des fleurs de montagne, aussi appelée immortelle des neiges, étoile d'argent, étoile des glaciers... Les étoiles blanches qui partent du haut de la tige semblent être

Edelweiss

des pétales, mais ce sont des feuilles. Elles sont recouvertes d'un léger duvet. Les fleurs, jaunes, sont quant à elles minuscules et regroupées au centre des étoiles. Dans l'Himalaya, on peut trouver l'edelweiss à 5 400 m.

La joubarbe

Son nom latin veut dire « barbe de Jupiter », dieu grec, maître de la Foudre, car la légende veut qu'elle éloigne les éclairs. Pour survivre, elle constitue des réserves d'eau et de

Joubarbe

sucre dans ses feuilles. Elle se multiplie grâce aux bêtes qui la piétinent et détachent de petites pousses qui s'enracinent ensuite. Elle pousse jusqu'à 3 400 m.

L'androsace des Alpes

Elle adore les roches de haute altitude, jusqu'à 4 200 m. Ses fleurs comptent 5 pétales blancs avec au centre une tâche jaune et ses feuilles sont recouvertes de petits poils.

Androsace des Alpes

Des fleurs qui

Arnica

La montagne est une formidable pharmacie à ciel ouvert. Depuis que l'homme s'y est aventuré, il y a découvert une multitude de remèdes naturels pour se soigner. Attention, il ne faut jamais les utiliser sans les conseils d'un pharmacien.

L'arnica

C'est une grande plante qui peut mesurer jusqu'à 60 cm de haut. On la trouve jusqu'à 2 800 m d'altitude. Les tiges portent jusqu'à 5 fleurs jaunes qui ressemblent à des marguerites. Trempées dans de l'eau ou de l'alcool, les fleurs et la partie souterraine de la tige servent à élaborer des pommades contre les foulures, les contusions ou les bosses après un choc. On retrouve également l'arnica dans les granules homéopathiques. Attention, il ne faut jamais manger cette plante car elle contient un poison extrêmement dangereux !

Le millepertuis

C'est la plante aux mille noms. Elle est aussi appelée chasse-diable, herbe aux fées, herbe aux mille vertus, herbe du charpentier…
Le millepertuis est utilisé en médecine depuis plus de 2 000 ans pour traiter les dépressions et les problèmes de peau. Il soigne en particulier les blessures et les brûlures. Plante considérée comme magique, on lui attribuait le pouvoir de chasser les fantômes et de repousser les orages.
Sa tige est très haute. Elle s'élève jusqu'à 1 m de haut. Le millepertuis aime les endroits ensoleillés et vit jusqu'à 1 600 m d'altitude.

Millepertuis

Tussilage

Le tussilage

Son nom signifie chasser la toux. Les vertus du tussilage étaient déjà connues chez les Romains. Pour calmer leur toux, ils faisaient brûler les feuilles séchées et ils inhalaient la fumée. Les infusions réalisées à partir des feuilles et des fleurs soulagent le rhume. Le tussilage pousse jusqu'à 3 000 m d'altitude dans les prairies humides, les bois et près des ruisseaux. La fleur jaune du tussilage ressemble à celle du pissenlit.

peuvent soigner

Bardane

La bardane

Elle fait la joie des enfants car les petites boules au bout de leur tige ont de minuscules crochets qui leur permettent de s'accrocher un peu partout, aux cheveux ou aux vêtements notamment. La bardane vit jusqu'à 1 800 m. Ses feuilles fraîches écrasées ont des propriétés antivenimeuses. En les frottant sur les piqûres d'insectes, elles apaisent la douleur et empêchent la zone touchée de gonfler.

Le quinquina

Cette plante de forêt pousse dans la cordillère des Andes entre 1 200 et 3 200 m d'altitude. Elle a sauvé des millions de vies. Les Indiens utilisent depuis très longtemps son écorce pour lutter contre les fortes fièvres. C'est elle qui permit d'obtenir de la quinine, un médicament servant à lutter contre le paludisme. Cette maladie que transmettent certains moustiques dans les pays tropicaux touche aujourd'hui 2,2 milliards de personnes dans le monde.

Le trèfle alpin

C'est une des plantes dont se nourrissent le chamois et la marmotte. Le trèfle pousse entre 1 500 et 3 000 m d'altitude dans les prairies. Sa fleur rouge-rosé diffuse un agréable parfum. Grâce à sa racine de plusieurs centimètres de long, il est solidement fixé à la terre. Son goût sucré vaut au trèfle d'être appelé réglisse des montagnes. On peut d'ailleurs le mâcher comme une friandise. En le faisant bouillir dans l'eau, on en tire un jus qui soigne les maladies des bronches.

Quinquina

Trèfle alpin

La gentiane jaune

Cette grande herbe vivace de 1 m de haut (voir p. 92/93) aime les bois et les prairies jusqu'à 2 000 m d'altitude. Ses racines servent à fabriquer une boisson amère. Elles sont aussi un tonifiant efficace qui stimule l'appétit et facilite la digestion. Mais attention, il ne faut pas confondre cette gentiane avec le vératre blanc auquel elle ressemble.

Méfiance !

Souvent belles et attirantes, certaines plantes n'en sont pas moins très dangereuses. Elles contiennent des poisons qui peuvent être mortels, surtout pour les enfants. Il ne faut donc jamais les toucher.

Digitale

La digitale

Son nom lui vient de la forme de ses fleurs qui ressemblent à des doigts de gant. Elles sont groupées en grappes. Impossible de la rater avec sa grande taille qui peut atteindre 1,60 m. Selon la variété de digitales, elles sont jaunes ou rose foncé. La digitale pousse dans les bois jusqu'à 1 000 m d'altitude. Elle peut provoquer un arrêt du cœur. Mais, utilisée dans des médicaments, elle empêche le cœur de battre trop vite.

L'aconit tue-loup

Cette plante, qui peut mesurer jusqu'à 1,50 m, porte bien son nom car sa racine servait autrefois à confectionner des appâts empoisonnés pour tuer loups et renards. On la trouve jusqu'à 3000 m dans les forêts humides et les prairies ombragées. Ses fleurs jaune pâle forment des casques longs et étroits. C'est l'une des espèces les plus dangereuses car toute la plante est toxique.

Aconit tue-loup

Belladone

La belladone

Qu'ils sont tentants ces petits fruits noirs, tout ronds et brillants, mais attention, ils sont mortels car ils peuvent entraîner le blocage de la respiration. Ses feuilles ont une odeur nauséabonde lorsqu'on les froisse. Cette plante se plaît dans les montagnes au-dessous de 1 500 m.

Des plantes étonnantes

On trouve dans certaines régions des Andes et de l'Afrique des plantes géantes spectaculaires !

Le puya raimondi

Pouvant atteindre 12 m de haut, cette plante des Andes est la plus grande herbacée du monde. Elle pousse jusqu'à 4 000 m d'altitude. Apparentée à l'ananas, elle ne fleurit qu'une seule fois à la fin de sa vie, au bout de plus d'un siècle ! Elle produit 18 000 fleurs. Après sa floraison, la plante meurt. Le puya, très rare, est protégé. Pourtant, certains paysans n'hésitent pas à le brûler, le considérant dangereux pour le bétail : les crochets pointus dont sont munies ses feuilles peuvent en effet se prendre dans la laine des bêtes.

La lobélie géante

Cette plante vit dans les montagnes de l'est de l'Afrique entre 3 500 et 4 500 m. Si haut, les nuits sont extrêmement froides. Il gèle. C'est pourquoi les feuilles de la lobélie sont recouvertes d'un épais manteau duveteux qui protège du froid ses fleurs délicates. La lobélie peut mesurer jusqu'à 6 m de haut.

Le séneçon géant

Il ne vit que sur les pentes du Kilimandjaro où il fréquente les hautes altitudes. Le soir venu, il ferme ses feuilles pour se protéger du froid. Son gigantisme et ses ramifications le font ressembler à un arbre. Il s'agit pourtant d'une herbe. Sa tige très large lui sert de précieux réservoir d'eau.

La vie des

Les prairies sont apparues à l'étage montagnard, au-dessus des cultures, il y a 8 000 ans, nées de la main de l'homme. La richesse des plantes et des insectes qu'elles abritent est unique en montagne.

Un milieu fréquenté

Les prairies accueillent une multitude d'espèces de fleurs, d'herbes et d'insectes. C'est l'homme qui a façonné ce paysage. Il les fauche régulièrement au début et à la fin de l'été pour qu'elles lui fournissent le fourrage nécessaire en hiver pour les bêtes. Aucun arbre ne peut donc s'y intaller et concurrencer d'autres plantes en les privant de lumière et en les empêchant de se développer dans le sol. Les fleurs les plus fragiles trouvent alors le temps de s'épanouir et de se multiplier. Toutes les racines des plantes sont autant de petits piquets qui fixent la terre et l'empêchent de partir en boue aux premières pluies violentes. Parfois, les bêtes qui viennent manger dans les prairies laissent des crottes qui enrichissent le sol et contiennent aussi des graines que l'animal a ingérées ailleurs. Les prairies continuent de prospérer.

8 000 ans d'histoire

Les prairies apparaissent il y a 8 000 ans avec les chasseurs nomades qui, à la belle saison, s'installent

prairies

L'évolution de la prairie lorsqu'elle est laissée à l'abandon.

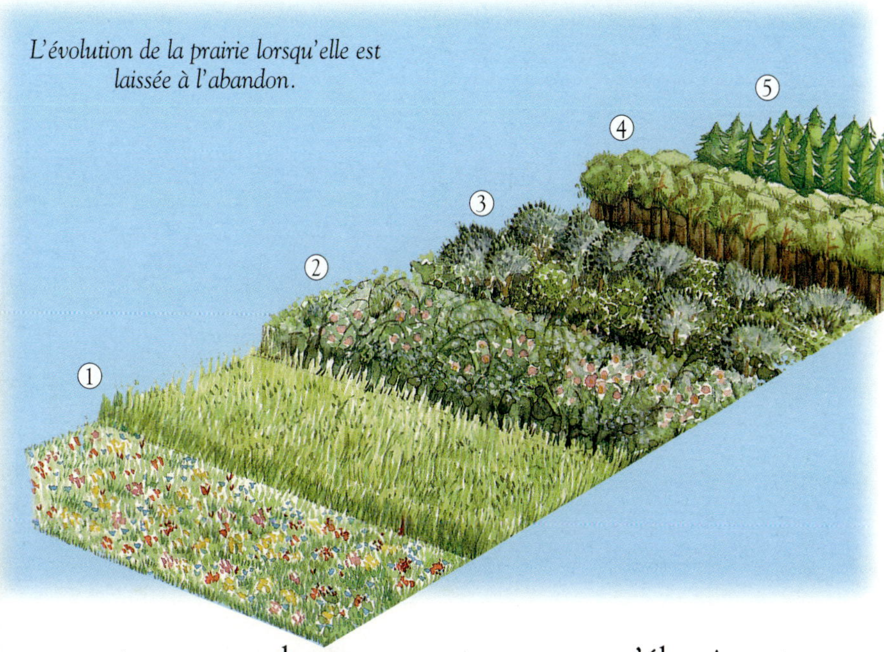

en montagne avec leurs troupeaux. Ils défrichent les forêts pour faire paître leur bétail. D'année en année,

Quelques plantes des prairies (1) : la gentiane jaune (2), le sainfoin, la marguerite (3), la centaurée alpestre (4).

ces espaces s'élargissent. L'homme repousse ainsi les arbres vers les hauteurs. C'est surtout à partir du XIe siècle que les prairies se développent. La population augmente en montagne. Les hommes ont besoin de plus d'espace pour leurs bêtes. La forêt recule plus haut encore. Dans la plupart des pays pauvres, les prairies sont régulièrement entretenues. En revanche, dans les pays riches, dans les Alpes ou les Pyrénées par exemple, depuis les années 1950, les paysans désertent leur ferme pour rejoindre la ville. Et la forêt revient s'installer progressivement.

La mort des prairies

Quand la prairie est délaissée, la friche s'installe d'abord. Ce sont de hautes herbes qui étouffent la plupart des plantes (1).

L'ancienne prairie se couvre de ronces et de petits buissons comme l'églantier (2). Certains oiseaux y installent leur nid et ensemencent le sol de nouvelles graines. De petits arbustes comme le genévrier font leur apparition (3). De nouveaux arbres qui aiment la lumière se déploient, comme le sorbier des oiseleurs et le pin sylvestre (4). Ce milieu ouvert leur convient parfaitement. En 50 à 70 ans, une véritable forêt se constitue. Sous son ombrage, d'autres arbres s'installent : les épicéas (5), dont les jeunes pousses détestent le soleil.
Elles grandissent et dépassent les autres arbres qui, privés de lumière, meurent peu à peu.
Au bout d'une cinquantaine d'années, l'épicéa domine. Le retour de la prairie est alors extrêmement difficile car le tapis d'aiguilles sous les épicéas a acidifié durablement la terre.

Le premier montagnard

Mesurant à peine 1,60 m, l'homme des glaces était chaudement vêtu pour affronter le climat rigoureux de la montagne.

Lors d'une promenade dans les Alpes en septembre 1991, deux randonneurs aperçoivent à 3 200 m d'altitude quelque chose qui sort de la glace : un cadavre.

La plus vieille momie

C'est le corps d'un homme mort il y a 5 300 ans et incroyablement bien conservé par le froid, L'homme des glaces fut surnommé Ötzi par les scientifiques, du nom du lieu où il a été trouvé. Aucun corps aussi bien préservé et aussi ancien n'avait jamais été découvert auparavant. Les momies égyptiennes sont plus récentes. Elles ne datent au plus que de 2 500 ans.

Un berger préhistorique

D'après les spécialistes, l'homme était certainement un berger qui s'est perdu dans les alpages. Il venait sans doute d'un campement situé 2 000 m plus bas à 16 km à vol d'oiseau. Peut-être recherchait-il des bêtes perdues ? Épuisé et blessé, il se serait laissé mourir à l'endroit où les promeneurs l'ont découvert. Une chute de neige importante l'aurait recouvert et aurait préservé son corps des charognards et de la pourriture.

L'équipement d'Ötzi

Tout autour de lui, l'homme avait des habits, des outils et des armes qui sont de précieux témoignages sur la façon dont on vivait en montagne à l'époque. Chaudement habillé, il portait des jambières, un pagne, une veste en peau de cerf, une cape de végétaux, un chapeau en peau d'ours, des chaussures en peau de chèvre avec des semelles en cuir d'ours, remplies d'herbe pour ne pas avoir froid aux pieds. Son sac à dos était fait de peau avec une armature en bois. D'après l'étude de ses intestins, il mangeait du pain de blé, du bouquetin et du cerf.

La tête d'Ötzi.

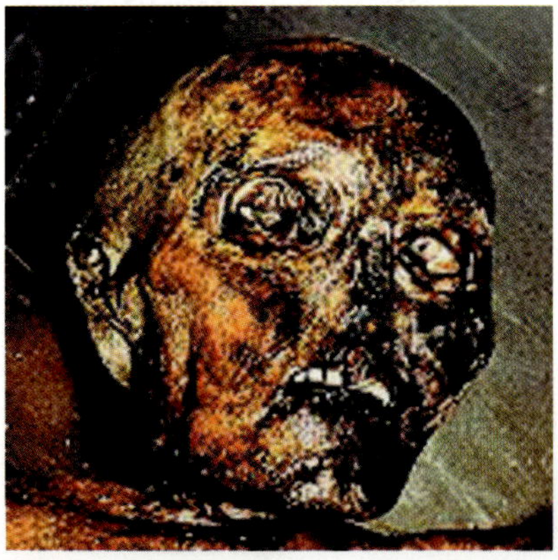

Vivre en altitude

Les Sherpas sont connus pour leur résistance à la marche sur les pentes himalayennes. Ils ont des capacités physiques uniques.

Sur les plus hautes montagnes du monde, des peuples vivent en permanence jusqu'à 5 000 m d'altitude.

Moins d'oxygène

Avec l'altitude, l'oxygène se raréfie et, à partir de 3 000 m, la respiration devient plus difficile ; tout mouvement coûte beaucoup d'efforts. Les peuples des montagnes semblent pourtant mieux supporter ce manque d'oxygène. Plus de 80 000 personnes vivent ainsi à Cero de Pasco, au Pérou, à 4 300 m d'altitude. Les Sherpas semblent toujours grimper sur les chemins accidentés du Népal avec une grande facilité malgré les lourdes charges qu'ils portent.

Une lente adaptation

Ces peuples vivent sur ces hautes terres depuis plusieurs milliers d'années, 50 000 ans pour les Tibétains et les Sherpas, 10 000 ans pour les peuples andins. Leur organisme s'est probablement adapté pour supporter ces conditions très particulières. Leur sang capte légèrement mieux l'oxygène mais, surtout, leur respiration, plus profonde, est plus efficace. Ils peuvent ainsi prendre de plus grandes quantités d'oxygène. Chez les populations qui vivent sur les hauts plateaux d'Éthiopie, on sait par exemple que l'oxygène semble mieux se diffuser dans les poumons que chez les habitants de la plaine.

Le mal des montagnes

Pourtant, ces populations de haute montagne peuvent souffrir, comme toute autre personne, du mal chronique des montagnes. Le sang devient de plus en plus visqueux et circule mal dans les artères. Il irrigue de moins en moins bien le cerveau. Il faut alors prendre en permanence des médicaments qui fluidifient le sang. Ces peuples peuvent également être touchés du mal aigu des montagnes comme le sont souvent les alpinistes et qui peut conduire à la mort car le cerveau ou les poumons se remplissent alors d'eau.

La vie en

Outils rudimentaires et climat rude ne facilitent pas le travail des paysans népalais.

12 % de la population mondiale vit en montagne. Parmi ces montagnards, beaucoup vivent dans des pays en voie de développement et connaissent des conditions de vie souvent très difficiles. C'est le cas des peuples qui vivent dans les Andes ou l'Himalaya.

Montagnards d'Europe

En Europe, les vallées conquièrent chaque année de nouveaux habitants. Mais, une partie des villages d'altitude se dépeuple, seuls les villages qui font station de sports d'hiver sont épargnés. Les montagnards se font alors guides, restaurateurs, moniteurs de ski l'hiver et quelques-uns conservent une activité agricole l'été. Les élevages de moutons ne sont malheureusement plus assez rentables, toutefois, malgré les difficultés, des éleveurs et des bergers tentent de poursuivre leur activité. Les produits de l'élevage, essentiellement le fromage, peuvent constituer une nouvelle richesse pour les montagnards qui, grâce aux méthodes artisanales, fournissent des produits de qualité aux citadins.

Cultiver pour se nourrir

Dans de nombreux pays, notamment dans les Andes et l'Himalaya, les montagnes sont des milieux où il est particulièrement difficile de vivre. Les conditions climatiques sont éprouvantes, la circulation est malaisée. L'isolement des populations les oblige donc à ne compter que sur elles-mêmes. Pour se nourrir, nombreux sont les peuples qui doivent se contenter de leurs cultures. Celles-ci se font le plus souvent sur des pentes abruptes qui nécessitent de construire

montagne

Les enfants des régions montagneuses d'Afrique ont rarement la possibilité d'aller à l'école. Très jeunes, ils aident aux travaux agricoles ou sont bergers, comme ce jeune Éthiopien.

des terrasses avec des petits murs de pierres. Mais les sols pauvres et les basses températures durant plusieurs mois de l'année ne fournissent finalement que de maigres récoltes. Le plus souvent, l'agriculture va de pair avec l'élevage et la production de lait. Disponible en bonne quantité à la belle saison, il est transformé en fromage pour être consommé les mois d'hiver.

Des ressources locales

Les populations isolées ne bénéficient pas de la médecine moderne. Heureusement, elles savent depuis longtemps utiliser les remèdes naturels et, en particulier, les plantes médicinales. Au Népal par exemple, le chiraito est un remède efficace contre les parasites qui peuvent se loger dans les intestins. Mais les plantes ne soignent pas tout. Pour ce qui est de se chauffer, ces populations de montagne ont rarement à leur disposition du gaz ou du charbon. Dans l'Himalaya, on utilise des bouses de yack séchées (qui brûlent assez mal) et surtout du bois. C'est d'ailleurs l'une des causes majeures de la déforestation dans cette région (voir p. 119).

L'enseignement scolaire

Dans les montagnes des régions pauvres du monde, les enfants fréquentent généralement peu l'école et les filles encore moins car elles aident leur mère dans les tâches ménagères. Les écoles sont souvent éloignées les unes des autres et les écoliers doivent parcourir des kilomètres pour rejoindre leur classe. Au Népal, Edmund Hillary, celui qui a vaincu l'Everest en 1953, s'est beaucoup investi pour faire construire des écoles et favoriser la scolarisation dans ce pays.

Dans les Andes, les marchés locaux permettent de vendre de l'artisanat et une partie de la récolte agricole.

Quelques peuples

Namche Bazaar, la capitale sherpa, au Népal, est située à 3 500 m d'altitude. Les village les plus élevés d'Himalaya se trouvent à 4 930 m !

Famille sherpa.

Les peuples de montagne partagent tous un attachement profond à leur identité. Ils conservent des coutumes, des modes de vie et des rites spécifiques encore extrêmement vivaces.

Les Sherpas

Venus du Tibet au XVIe siècle, les Sherpas sont à peine 70 000 et vivent auprès de l'Everest, à l'est du Népal, l'un des pays les plus pauvres de la planète. Les 20 000 touristes qui fréquentent chaque année le camp de base du toit du monde ont contribué à améliorer leur niveau de vie. Certains Sherpas se louent en effet comme porteurs, guides, voire comme organisateurs d'expéditions. D'autres proposent le logis et le repas aux randonneurs et alpinistes, contre une somme modeste. La majorité toutefois ont encore besoin de l'agriculture pour vivre. Les yacks leur fournissent lait, beurre, fromage, viande et cuir. Profondément religieux, les Sherpas possèdent tous chez eux un autel bouddhiste.

Les Kallawayas

Ce peuple des hauts plateaux des Andes péruviennes est particulièrement réputé pour sa médecine traditionnelle (à base de plantes), mais aussi pour l'art divinatoire qu'il pratique. On vient en effet de très loin, parfois plusieurs centaines de kilomètres, pour consulter les devins. Les Kallawayas étaient les médecins officiels des nobles de l'Empire inca qui dominait les Andes avant l'arrivée des conquistadors espagnols. Les Kallawayas vivent sur les pentes du mont Kaata, une montagne sacrée. À l'occasion de la cérémonie

de montagne

Femme kallawaya.

Prêtre kallawaya procédant à un rituel d'offrandes pour la déesse de la Terre.

de « La nouvelle terre », le devin le plus puissant est chargé de verser du sang et de la graisse sur les 13 sites sacrés que compte la montagne. Très pauvres, ils vivent de leur culture de maïs, de pommes de terre et de quinoa.

Les Berbères

Arrivés il y a 3 000 ans en Afrique du Nord, ils durent se soumettre aux conquérants arabes au VIIe siècle. Beaucoup ont trouvé refuge dans les montagnes de l'Atlas. Dans ces lieux reculés, ils ont appris à vivre malgré le peu de contact avec l'extérieur. Et ils sont restés farouchement attachés à leur culture : leur langue, le tamazight, notamment, et leur artisanat comme les tapis tissés à la main, les bijoux en argent et en cuivre ou bien encore les poteries. La plupart des Berbères vivent de petits élevages de chèvres et de moutons. Oubliés par les gouvernements marocains et algériens, les Berbères se battent pour que leur peuple soit reconnu. En 2003, au Maroc, les Berbères ont obtenu le droit d'enseigner dans leur langue aux écoliers du primaire.

L'élevage est une des activités principales des Berbères de l'Atlas.

Des montagnes

Le mont Kailash.

Partout sur la planète, les montagnes ont toujours fasciné et, dans le même temps, terrifié les hommes. Ils les ont vénérées avant même d'en atteindre les sommets. Certaines d'entre elles sont devenues des lieux de culte ou de pèlerinage.

Le mont Kailash

Aucun alpiniste n'a jamais profané le sommet de cette montagne de l'Himalaya, considérée par plus d'un milliard de personnes comme la plus sacrée de la Terre. Elle est en effet adorée par les quatre religions les plus importantes de la région dont le bouddhisme et l'hindouisme. Pour celles-ci, elle est la demeure de Shiva, le dieu de la Destruction, et de son épouse Shakti, la déesse mère. Avec son sommet pyramidal qui culmine à 6 730 m, le mont Kailash serait le centre de l'univers. Depuis plus d'un millénaire, des millions de pèlerins viennent se prosterner devant le mont et faire le tour sacré de la montagne. Il exige trois ou quatre jours de marche harassante, dans le froid et à plus de 4 500 m d'altitude.

Le mont Sinaï

Aussi appelé djebel Mousa (mont Moïse, en arabe), ce sommet égyptien s'élève à 2 285 m d'altitude dans le désert du Sinaï. D'après la Bible, ce serait l'endroit où Moïse reçut les dix commandements qui interdisent notamment le meurtre, le vol et le mensonge. Pour les chrétiens, les musulmans et les juifs, Moïse est

La région du Sinaï avec le mont Moïse.

sacrées

Le mont Fuji.

un prophète qui a été choisi par Dieu pour délivrer les Hébreux de l'esclavage du Pharaon. Le mont Sinaï abrite également, depuis le Ve siècle, un monastère orthodoxe qui attire chaque année des milliers de pèlerins. La légende veut que des anges y déposèrent le corps de Catherine d'Alexandrie, martyrisée à l'époque de l'empereur romain Maxence au IVe siècle.

Le mont Fuji

Ce volcan assoupi de 3 776 m de haut serait habité par une divinité : la princesse Konohana Sakuya, qui possède le pouvoir de faire fleurir les plantes. Cette montagne est un lieu de culte depuis la construction d'un temple en son sommet pour une secte au XIIe siècle. La ferveur des Japonais ne prit toutefois de l'ampleur qu'à partir de 1733, date à laquelle un religieux s'y laissa mourir de faim. Il espérait ainsi mettre un terme à la famine qui ravageait le pays. Chaque année, durant l'été, des flots de centaines de milliers de pèlerins gravissent son sommet.

Le mont Athos

Ce mont qui culmine à 2 033 m d'altitude se trouve sur une presqu'île au nord-ouest de la Grèce. Il abrite pas moins de vingt monastères de la religion orthodoxe, d'imposantes forteresses qui ont été construites au Xe siècle. Environ 1 500 moines y vivent. Il est interdit aux enfants et aux femmes.

Le mont Athos.

La conquête du mont Blanc

Saussure et ses 18 guides, en 1787, un an après que Balmat et Paccard ont réussi les premiers l'ascension du mont Blanc.

L'alpinisme est véritablement né en 1787 avec l'ascension du mont Blanc par le savant Horace Bénédict de Saussure. L'événement éclipse la vraie première, en 1786.

Le prix du mont Blanc

En 1760, Saussure, jeune homme de 20 ans, est l'une des grosses fortunes de Genève. Hormis les chercheurs de cristal et les chasseurs de chamois, presque personne ne s'aventure dans la montagne, qui est jugée dangereuse, voire maudite. Mais le riche Genevois veut atteindre le sommet du mont Blanc. Il promet une récompense à celui qui trouvera l'itinéraire. Vingt-six ans s'écoulent sans qu'aucune des tentatives ne réussisse. Elles permettent pourtant d'approcher toujours un peu plus de la cime.

Le succès de deux hommes

Durant l'été 1786 Michel-Gabriel Paccard, un médecin, et Jacques Balmat, un paysan, se lancent à l'assaut du mont Blanc. Balmat prend la tête et tente seul de grimper jusqu'en haut. Il arrive à 100 m à peine du sommet, mais un nuage couronne la montagne et l'empêche de progresser. Il passe la nuit sur le glacier puis, épuisé, redescend. Quelques jours plus tard, le 8 août, il foule le sommet avec Paccard lors d'une deuxième tentative. Le mont Blanc est vaincu.

Une véritable expédition

C'est le 1er août 1787, un an après l'exploit de Balmat et Paccard, que Saussure commence son ascension du mont Blanc avec pas moins de 18 guides dont Balmat qui indique la route. Deux guides tiennent un long bâton qui sert de rambarde et on lui taille des traces dans la glace. Enfin, le 3 août à 11 heures, Saussure parvient à réaliser son rêve, il est sur la cime.

Horace Bénédict de Saussure.

Vers l'alpinisme moderne

Mummery fut un alpiniste anglais émérite de la fin du XIXe siècle. À gauche, il est aux prises avec une faille difficile lors de l'ascension du Grépon, dans les Alpes. Cette fissure redoutable porte aujourd'hui son nom.

En 1879, la plupart des grands sommets alpins sont vaincus. Mummery invente l'alpinisme moderne. Il privilégie la beauté et la difficulté de l'itinéraire.

L'apprentissage

Athlétique et agile, Alfred Frederick Mummery n'est pas un novice quand il rencontre en 1879 le guide Alexandre Burgener, un colosse de trente-quatre ans, aux épaules carrées. Ce dernier est l'un des plus grands guides de l'époque. Il propose à Mummery de réaliser une voie difficile sur le Cervin, dans les Alpes. D'abord méfiant, l'homme, bourru, accepte. Pendant treize ans, Mummery va s'aguerrir au contact du professionnel.

Des techniques révolutionnaires

En 1881, Mummery gravit pour la première fois le Grépon, dans les Alpes, un sommet d'à peine 3 482 m d'altitude, mais réputé inaccessible ! Ses ascensions empruntent souvent des itinéraires rocheux vertigineux qui nécessitent un effort soutenu. Mummery, trop brillant avec ses rapides victoires, suscita des jalousies au sein du très réputé club alpin anglais qui réunissait les meilleurs alpinistes britanniques. En outre, les innovations qu'il introduisit dans ses techniques d'escalade n'étaient pas du goût du club, très traditionnel.

L'alpinisme sans guide

En 1888, il s'attaque au Dych Tau (5 180 m), sommet inviolé du Caucase et plus abrupt que le mont Elbrouz (5 632 m). La chaîne est à l'époque plus sauvage et plus inaccessible que l'Himalaya aujourd'hui. En 1892, il retourne au Grépon, qu'il veut cette fois gravir sans guide. À l'époque, c'est très rare et presque sacrilège. Aucune ascension ne se fait sans l'assentiment des guides. Mummery rompt ainsi avec une longue tradition et ouvre la voie à l'alpinisme d'aujourd'hui. Il disparaît en 1895 en Himalaya lors de l'ascension du Nan Parbat (8 125 m).

L'Annapurna

C'est le premier sommet de plus de 8 000 m gravi par l'homme ! Cet exploit fut réalisé le 3 juin 1950 par les Français Maurice Herzog et Louis Lachenal qui l'ont chèrement payé de gelures irréversibles.

Une course contre la montre

En avril 1950, une équipe de neuf alpinistes, pour la plupart très expérimentés, part dans l'Himalaya à l'assaut du sixième plus haut sommet du monde, le Dhaulagiri (8 167 m). Leur mission de reconnaissance sur place s'éternise. Ils essaient de trouver un passage vers la cime, mais leurs tentatives échouent. Il leur faut donc gravir un autre sommet aussi réputé. Ce sera l'Annapurna (8 078 m), mais il ne reste plus que trois semaines avant l'arrivée de la mousson. Le 3 juin, Maurice Herzog et Louis Lachenal sont les deux hommes de l'expédition choisis pour entamer l'ultime montée. Allégés au maximum, ils n'emportent pas d'oxygène.

Le sacrifice

Pendant l'ascension, Lachenal sent ses pieds qui gèlent. Il sait qu'il risque de les perdre. Il propose à Herzog de faire demi-tour. Celui-ci refuse et laisse libre Lachenal de redescendre. Mais Lachenal ne veut pas laisser Herzog seul. Il poursuit alors l'ascension, conscient qu'il y perdra ses pieds. Les alpinistes tracent péniblement leur chemin dans une neige trop molle. Mais, endurants et obstinés, ils atteignent enfin leur but ! Les deux hommes exultent, ils sont les premiers Français sur un tel sommet.

premier 8 000

La descente infernale

Les deux alpinistes sont épuisés quand ils entament leur descente. Le temps se couvre. La mousson les a rattrapés, la neige tombe dru. Herzog retire ses gants un instant pour ouvrir son sac. Le vent violent les emporte. Il va perdre progressivement l'usage de ses mains sous la morsure du froid. Par malheur, les deux hommes se perdent de vue. Herzog finit par rejoindre un camp intermédiaire sans Lachenal, où deux autres alpinistes l'attendent et tentent de le réchauffer. Au loin, un cri se fait entendre. Ils se précipitent, c'est Lachenal, qui a chuté d'une centaine de mètres, mais il est vivant.

Sains et saufs

Le lendemain, l'épais brouillard empêche les quatre alpinistes réunis de trouver le campement suivant. Ils passent la nuit, dehors, au fond d'une crevasse. Quand le jour se lève, ils ont perdu toute énergie et se croient perdus. Ils sont pourtant secourus par des Sherpas et un autre alpiniste de l'expédition. En effet, ils ont dormi à seulement 400 m du camp ! Alors qu'ils descendent encore, une avalanche les emporte. La corde reliant Herzog aux deux Sherpas qui l'assurent s'enroule autour de son cou. Il glisse sur 150 m avant de s'immobiliser la tête en bas, la corde menaçant de l'étrangler. Il est délivré par les Sherpas. Miracle, tous s'en sortent. Herzog sera amputé de plusieurs doigts à la main et aux pieds, et Lachenal perd ses pieds, gelés à l'extrême. Mais les Français ont conquis leur 8 000.

Herzog et Lachenal, lors de la périlleuse descente qui a suivi leur exploit.

À la conquête

Mallory et Norton, lors de leurs expéditions à l'assaut de l'Everest dans les années 1920.

La plus haute montagne du monde, l'Everest, est aussi celle de tous les records et de récits tragiques. L'épopée de sa conquête commence en 1921, mais ce n'est qu'en 1953 que la montagne est officiellement vaincue.

Premiers pas

C'est en 1921 que les Britanniques lancent leur première expédition vers l'Everest. Un jeune instituteur et talentueux grimpeur, George Leigh Mallory, fait partie de l'équipe. La tentative se fera par la face nord, depuis le Tibet, car le Népal est alors fermé aux étrangers. Les mulets qui acheminent les tonnes de matériel sont mal adaptés à la montagne. L'expédition arrive fin septembre, trop tard dans la saison : la tempête sévit déjà au sommet. Mallory a pu toutefois reconnaître l'itinéraire. En mai 1922, une nouvelle tentative lui permet avec deux autres alpinistes d'atteindre l'altitude record de 8 225 m, mais pas la cime. Les bonbonnes d'oxygène qu'ils portent sur leur dos pour les aider à respirer en haute altitude sont trop lourdes et rendent très pénible chacun de leurs pas. Les hommes sont brisés par la fatigue. L'un d'eux perdra son oreille gauche, gangrénée par le froid.

Une disparition tragique

Obstiné, Mallory repart à l'assaut de la montagne début juin. La mousson a déversé des masses incroyables de neige sur les pentes. Une avalanche monstrueuse emporte dans les abîmes 13 Sherpas et ses compagnons. Mallory est sauvé miraculeusement par un Sherpa. Obsédé par l'Everest, il persiste en 1924. Le 8 juin, Mallory et le jeune alpiniste qui

du toit du monde

l'accompagne disparaissent dans le dernier tronçon vers le sommet. Ont-ils vaincu l'Everest ? Personne ne pourra jamais le dire. Le corps de Mallory est retrouvé en 1999, 600 m sous la cime.

Une préparation minutieuse

1933, 1935, 1951, les expéditions se succèdent et les échecs aussi. En 1950, la Chine envahit le Tibet qui est alors fermé aux étrangers. Dans le même temps, le Népal ouvre ses frontières. La conquête de l'Everest doit se faire par sa face sud. En septembre 1952, le général John Hunt est choisi pour organiser une expédition. Il réunit une équipe de 11 alpinistes chevronnés. Parmi ceux-ci se trouve Edmund Hillary, apiculteur de Nouvelle-Zélande. Hunt coordonne les préparatifs et tente de ne rien oublier, jusqu'au repas spécial pour l'escalade finale vers le sommet (jambon, sardines, ananas…). Ce ne sont pas moins de 473 colis pesant au total 7,5 tonnes qui sont acheminés depuis la Grande-Bretagne vers le Népal par bateau, puis par le train et enfin par camions. 400 porteurs seront nécessaires pour transporter tout cela jusqu'au premier camp de base. Tenzing Norgay, chef des Sherpas, participera à l'assaut final. Il a déjà atteint avec une autre expédition l'altitude incroyable de 8 600 m.

Pour l'expédition de 1953, les alpinistes s'entraînent plusieurs semaines sur place avant l'ascension de l'Everest.

lancé de nouveaux défis. L'ascension s'est faite par d'autres voies plus difficiles, en conditions hivernales, sans oxygène ou en solitaire. D'autres se contentent de payer très cher un guide expérimenté et des porteurs pour répéter l'itinéraire des pionniers. Quand les conditions météorologiques sont très favorables, on peut voir jusqu'à 50 personnes au sommet ! Le plus jeune est une Sherpa de 16 ans.

Victoire au sommet

Hunt met en place trois semaines d'entraînement avant l'Everest. Il s'agit notamment de grimper quelques « 6 000 ». Plusieurs allers-retours, difficiles, sont nécessaires pour installer 9 camps intermédiaires jusqu'à 8 300 m. Le 26 mai, deux alpinistes de l'expédition atteignent 8 754 m. Faute de réserves suffisantes d'oxygène, ils décident sagement de renoncer au sommet et de redescendre. C'est au tour d'Hillary et de Tenzing de faire l'ultime tentative. Ils choisissent de s'arrêter pour la nuit à 8 590 m. Le lendemain, le temps est magnifique. Il fait – 27 °C. La montée semble interminable. Haletants, ils taillent sans cesse des marches dans la neige. Ils réduisent le débit de l'oxygène pour pouvoir prolonger leur séjour en altitude si un imprévu survenait. Leur souffle est de plus en plus court. À 11 h 30, le 29 mai, les deux hommes atteignent enfin le sommet. L'Everest est vaincu ! Ce n'est pas le succès de deux hommes mais de toute une équipe.

Un attrait toujours aussi fort

Depuis, l'attrait pour la reine des montagnes n'a pas faibli. Les alpinistes se sont

Le plus rapide est un Sherpa qui a rallié le sommet en 10 heures et 56 minutes ! Les Sherpas ont joué un rôle essentiel dans la conquête de l'Everest : ils portent le matériel, équipent les voies, assurent toute l'intendance, notamment la cuisine. Durant les 70 dernières années, près de 50 d'entre eux ont payé de leur vie leur contribution discrète aux succès des alpinistes.

L'invincible Fitz Roy

Pour l'alpiniste français Lionel Terray, ce fut l'ascension la plus éprouvante qu'il ait connue.

Battus par les terribles vents de Patagonie, le Fitz Roy est le sommet le plus difficile de la planète, en dépit d'une altitude modeste (3 375 m). Pourtant, en 1952, deux Français réussissent l'impossible.

Des murs de glace

Le Fitz Roy est un sommet si hostile qu'aucun alpiniste ne se hasarda à entreprendre son ascension avant 1937. Ses parois et ses arêtes sont abruptes et verglacées. Lors de la première ascension, le comte Bonacossa parvient jusqu'à 2 760 m, mais bute contre les colossales dalles verticales qui constituent la fin du sommet. Pendant 15 ans, plusieurs alpinistes s'y essaieront en vain.

La tentative française

À la fin du mois de janvier 1952, une équipe française installe son camp au pied du Fitz Roy. Ce ne sont pas des alpinistes aguerris aux murs de glace, mais des virtuoses de l'escalade formés sur les énormes rochers de Fontainebleau, près de Paris.

Deux semaines durant, les hommes équipent la montagne de pitons pour s'assurer pendant leur progression. Deux bivouacs sont installés dans des grottes de glace. L'ascension finale se fait depuis le dernier, à 2 400 m d'altitude. Le mauvais temps retarde le départ et rend les alpinistes nerveux. Le 1er février, Lionel Terray et Guido Magnone se lancent enfin. En 14 heures, ils ne montent pas plus de 240 m tant la difficulté est grande. Ils s'installent pour la nuit dans la paroi. Au matin, ils reprennent l'ascension et arrivent enfin au sommet, aux limites de leurs forces.

Une femme à plus de 8 000 m

Wanda Rutkiewicz au sommet de l'Everest.

Wanda Rutkiewicz est la seule femme à avoir vaincu huit sommets de plus de 8 000 m, dont le plus réputé : l'Everest.

Des Alpes à l'Everest

Cette Polonaise découvre la montagne à 18 ans. Elle grimpe dans les Carpates, en Europe de l'Est, en Norvège puis s'attaque aux Alpes. Elle y gravit les sommets les plus difficiles, comme la face nord de l'Eiger et du Cervin ou bien encore les Drus. En 1978, à l'âge de 35 ans, elle décide de se lancer à l'assaut du toit du monde. Elle est la première Européenne à fouler la cime de l'Everest, et la troisième femme.

Première femme au K2

Cette alpiniste rêve alors du K2, second plus haut sommet du globe. Elle s'y prépare en allant gravir le mont Elbrouz, dans le Caucase, en 1982. Au cours de l'ascension, un autre alpiniste chute sur elle et lui fracture une jambe. Elle reste clouée au lit plusieurs mois. En 1982, elle part vers le K2, supportant courageusement 200 km de marche avec des cannes pour arriver jusqu'au camp de base. Échec : elle est à bout de forces. En 1986, après plusieurs opérations aux jambes, elle revient au K2, avec une autre alpiniste. Elles sont les premières femmes à atteindre son sommet.

Mystère...

En 1992, Wanda Rutkiewicz souffre de graves problèmes de santé mais décide de partir au Népal pour réaliser son neuvième 8 000 : le Kangchenjungal. Avec un autre alpiniste, ils s'engagent un matin vers le sommet. Wanda Rutkiewicz laisse son compagnon gagner seul le sommet après 12 heures d'ascension. À sa descente, il rencontre la Polonaise vers 8 200 m qui décide de bivouaquer pour faire une nouvelle tentative le lendemain. Personne ne la reverra jamais et ne saura si elle a réussi ce dernier défi.

Un record légendaire

Reinhold Messner redescendant au milieu d'un paysage de glace après sa première tentative d'ascension de l'Everest.

Reinhold Messner

Reinhold Messner est l'alpiniste vivant le plus célèbre dans le monde. Il est le premier à réussir l'ascension des quatorze 8 000 que comptent la planète !

Première course à 5 ans

Cet Italien est l'alpiniste le plus doué de sa génération. Messner gravit son premier sommet, le Sass Rigais (3 027 m), à 5 ans avec son père. Et, à tout juste 25 ans, il a déjà vaincu la plupart des plus grands et des plus difficiles sommets des Alpes. Il n'aime qu'une chose : la verticalité extrême des parois. Son entraînement est rigoureux : douche glacée chaque matin, 1 000 m de dénivelé au pas de course, exercices de musculation…

Le drame

En 1970, Messner part avec son frère dans l'Himalaya pour réussir à atteindre le Nanga Parbat (8 126 m) par un itinéraire délicat. Mais la tragédie les attend à la descente. Son frère est emporté par une avalanche. Traumatisé, Messner songe à renoncer à l'alpinisme. Pourtant, il repart dès l'année suivante.

Le style alpin

Dès 1975, il délaisse les expéditions lourdes pour réaliser des ascensions dans le style alpin : un matériel léger et pas de porteurs. En 1978, il est le premier, avec Peter Habeler, à parvenir au sommet de l'Everest sans oxygène, puis il revient au Nanga Parbat qu'il escalade seul. En 1980, il est le premier à vaincre l'Everest en solo absolu, qui plus est en pleine mousson. En 1982, il réussit l'exploit d'atteindre trois sommets de 8 000 m la même année. Jusqu'en 1986, il alignera ainsi 14 victoires sur les géants de la planète.

Coup de chaud

Depuis 1850, la Terre se réchauffe. D'ici la fin du siècle, le thermomètre pourrait encore grimper de 2 à 6 °C, ce qui bouleversera sans aucun doute le milieu montagnard.

Comme une serre

Depuis les débuts de l'industrie, au XIXe siècle, notre consommation de charbon, de gaz et de pétrole n'a cessé d'augmenter. En brûlant, ces combustibles émettent du dioxyde de carbone, le principal responsable du réchauffement de notre climat. Une fois dans l'atmosphère, ce gaz laisse passer les rayons du soleil qui chauffent la Terre. En revanche, il empêche en grande partie cette chaleur de se dissiper vers l'espace et perturbe ainsi durablement notre climat.

Fonte des glaciers

Globalement, tous les glaciers de la planète fondent depuis le début du XXe siècle. Les glaciers des Alpes et du Caucase ont diminué de moitié. La mer de Glace, près de Chamonix, dans les Alpes, a ainsi reculé de presque un kilomètre. En Afrique, il ne reste plus que 8 % des neiges du Kilimandjaro ou du mont Kenya. D'ici 2100, la majeure partie des glaciers de la planète aura disparu. Un tel bouleversement aura des conséquences considérables. Dans un premier temps, cette fonte accélérée menace d'inondations de nombreuses régions du

sur la montagne

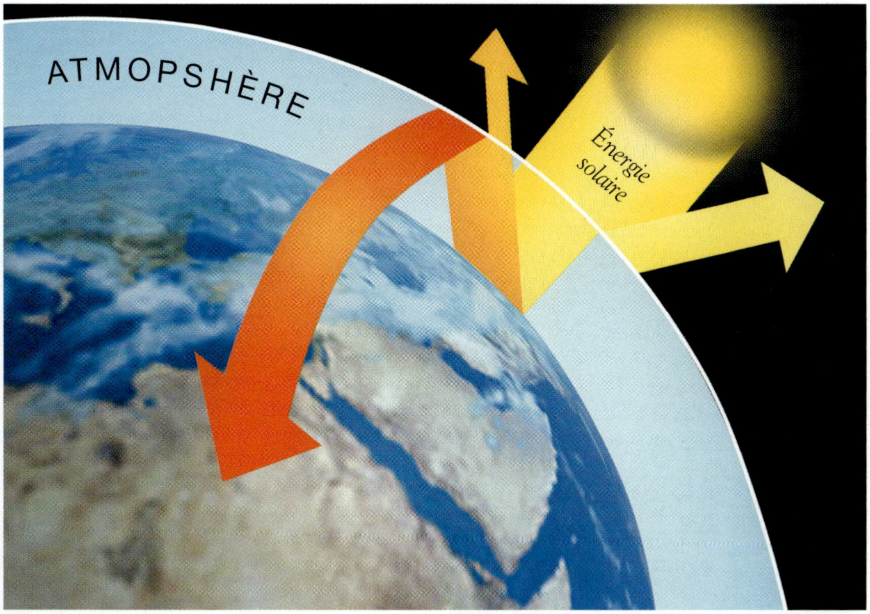

Les gaz à effet de serre, principalement le dioxyde de carbone, piègent en grande partie la chaleur dégagée par la Terre (en rouge) et apportée par le soleil (en jaune).

globe, comme le Népal. D'immenses lacs glaciaires vont se former qui peuvent se vidanger brutalement avec des conséquences dramatiques pour les populations des vallées. Ensuite, des sécheresses seront à craindre, entraînant des difficultés pour l'approvisionnement en eau ou l'irrigation des cultures. Aujourd'hui, les sommets de l'Himalaya, qui forment la plus grande étendue de glace de la planète, calottes polaires exceptées, alimentent notamment le Gange et l'Indus, des fleuves d'Asie qui représentent une source d'eau pour 500 millions de personnes !

La végétation modifiée

Avec une augmentation de la température, il est difficile de dire comment se comporteront les plantes de haute altitude car elles n'auront plus de milieux adaptés pour elles.
L'étagement de la végétation (voir p. 78) devrait se décaler.
Le dernier niveau, celui des neiges persistantes, devrait être très réduit et les pelouses, à l'étage alpin, pourraient disparaître.
Pour s'adapter, les animaux devront également migrer vers les hauteurs. Mais certains ne retrouveront sans doute pas de conditions favorables. Dans les Alpes, le papillon apollon (voir p. 73), tout comme le lagopède (voir p. 50), sont ainsi menacés du fait de la disparition de leur habitat. Enfin, le lièvre variable ou l'hermine, dont la fourrure blanchit l'hiver, deviendront des proies faciles pour leurs prédateurs. Sans neige, leur couleur les trahira.

Les hommes

Sous les tropiques, les populations vivant en montagne seront sans doute victimes de maladies jusqu'alors inconnues en altitude car les températures plus élevées favoriseront le développement des virus.
Malgré la lente évolution naturelle due aux cycles glaciaires que connaît notre planète depuis toujours, l'homme a une grande responsabilité et doit tout faire pour éviter le pire.
Il faut agir vite en limitant fortement les consommations de combustibles produisant du dioxyde de carbone, par exemple en prenant le train, le bus, le vélo... plutôt que d'utiliser la voiture.

Une grande diversité

La chèvre des Rocheuses (ci-contre) ou encore l'isard des Pyrénées (ci-dessous) sont les exemples mêmes d'espèces qu'on trouve uniquement dans un massif montagneux dans le monde.

Les montagnes sont des milieux naturels parmi les plus riches en espèces végétales ou animales.

Des espèces spécifiques et parfois uniques

Les montagnes sont de petites îles biologiques sur le continent. Elles offrent chacune des conditions de vie très particulières (climat, composition du sol…). Les espèces qui s'y sont développées sont donc souvent spécifiques à chaque massif. Certaines d'entre elles ne se retrouvent nulle part ailleurs sur la planète. Une partie de ces espèces provient des plaines. Elles en ont été chassées sur les hauteurs par l'homme ou poussées par le réchauffement climatique après les grandes glaciations. Elles ont ainsi trouvé refuge dans différentes montagnes. Au fil de milliers d'années, elles se sont adaptées à leur nouveau milieu et ont formé des espèces différentes, comme l'isard dans les Pyrénées et le chamois dans les Alpes. Dans un même massif montagneux, il peut exister une multitude de microclimats auxquels correspondent presque autant d'espèces différentes. C'est pourquoi les montagnes offrent une diversité de vie bien plus grande que les plaines, au climat plus uniforme.

Un milieu très fragile

La diversité de ces espèces est aujourd'hui menacée par les activités humaines : le réchauffement climatique, la déforestation, l'exploitation minière ou les grandes constructions (barrages, tunnels...), le développement du tourisme... L'agriculture, dans certains cas, peut aussi être néfaste à la montagne ; ainsi, si de trop grandes parcelles sont défrichées pour être cultivées, le sol et les pentes deviennent instables et, dans le pire

Le passage de milliers de camions entraîne une pollution dans la vallée de Chamonix.

Le lantana camara est un arbuste qui donne de superbes fleurs flamboyantes que l'on peut cultiver dans les jardins d'Europe mais, dans les montagnes tropicales, il faut le surveiller car il colonise le moindre espace libre et remplace même d'autres plantes dont les animaux ont besoin pour se nourrir.

des cas, peuvent entraîner des glissements de terrain. L'introduction par l'homme de nouvelles plantes ou d'animaux étrangers au milieu montagnard peut déstabiliser l'équilibre naturel, ces nouvelles espèces empêchant les espèces locales de se développer. Et, enfin, chaque nouvelle route gêne la migration des animaux, accélérant la disparition d'espèces déjà en danger.

Une assurance sur l'avenir

Préserver la diversité des espèces est important pour l'avenir car cette diversité permet à la nature de s'adapter aux nouvelles conditions de vie.

Plus il y a d'espèces en montagne, plus il y a de chances que certaines parviennent à résister à des changements majeurs, comme par exemple une augmentation de la température.

Une pharmacie à ciel ouvert

Conserver une grande diversité de plantes, c'est aussi préserver une véritable source de remèdes. La quinine, qui soigne le paludisme, vient ainsi d'une plante. Dans les montagnes tropicales, on a identifié les vertus médicinales d'à peine 1 % des végétaux connus. Si une plante disparaît, c'est peut-être un médicament qui ne verra pas le jour.

Dans certaines régions montagneuses, les rats sont envahissants. Ces animaux transportent de nombreuses maladies et perturbent l'écosystème dans lequel ils s'installent en masse.

La montagne transformée

En Europe, les montagnes attirent de plus en plus de monde pour y vivre mais aussi pour les loisirs. Afin d'accueillir cette vague humaine, la montagne est souvent malmenée.

Un retour vers la nature

Après les années 1950, beaucoup de paysans ont déserté les montagnes pour se rapprocher des grandes villes qui offraient du travail et une vie plus confortable. Mais, depuis les années 1990, des citadins retournent vers les vallées, recherchant la proximité des montagnes pour la beauté du paysage et les possibilités de loisirs.

Les vallées s'équipent

Les villes situées au pied des massifs montagneux s'agrandissent alors et empiètent de plus en plus sur l'espace naturel. Les routes se multiplient et s'élargissent pour supporter un trafic toujours plus important de camions et de voitures. Des tunnels sont creusés pour ces nouvelles voies de circulation. Les véhicules qui les empruntent émettent des gaz qui polluent l'air, les plantes et les sols jusqu'en altitude.

Les stations de ski

Elles attirent hiver comme été de nombreux touristes et occupent des espaces de plus en plus importants sur la montagne qu'il a fallu équiper. Les bulldozers ont dégagé et aplani les terrains, l'installation de remontées mécaniques et de téléphériques ont obligé à planter d'énormes poteaux métalliques. L'activité de la station génère des déchets et une circulation intense à certaines périodes de l'année, donc de la pollution. La diversité des plantes et des animaux qui s'y trouvaient avant l'aménagement de la station a beaucoup souffert et il faut souvent aller bien plus loin pour la retrouver.

L'exploitation minière

Une mine de cuivre à ciel ouvert dans l'Utah, aux États-Unis.

Or, cuivre, plomb, zinc… bien des métaux précieux proviennent de gisements de montagnes. Bien que leur exploitation soit une réelle richesse pour les pays concernés, elle engendre des pollutions dramatiques.

Des trésors en sous-sol

Les Andes, dans leur partie chilienne, abritent ainsi la moitié des réserves de cuivre du globe. La moitié de l'argent ou de l'étain extraits dans le monde est issue également de la cordillère. C'est dans la chaîne de Magadan, en Russie, que se trouvent les plus grands gisements d'or. Dans les montagnes de la Chine du Sud, les mineurs extraient la moitié du tungstène de la planète.

Des montagnes balafrées

Mais l'exploitation de ces gisements coûte très cher car l'accès à la montagne est difficile. Le respect de l'environnement, onéreux lui aussi, est donc souvent négligé. Les mines ravagent le paysage. Elles obligent à « trancher » ou à araser la montagne. Et les déchets de l'extraction, parfois des centaines de millions de tonnes de roches broyées, sont laissés sur place.

Des effets polluants

Le dommage à l'environnement le plus sérieux est toutefois la pollution des eaux. Celles-ci circulent dans les galeries ou ruissellent sur les pentes des mines à ciel ouvert. Elles entraînent avec elles des substances chimiques, comme l'arsenic, qui sont de véritables poisons. L'atmosphère est également touchée. Les procédés qui permettent d'extraire le métal de la roche rejettent en effet dans l'air des gaz toxiques qui contiennent du plomb ou du mercure. Ces éléments se retrouvent en partie sur les plantes et dans la chair des animaux qui les ingèrent, notamment le bétail. La population les inhale et les mange avec la viande qu'elle consomme.

Une formidable

La puissance de l'eau retenue derrière le barrage entraîne les turbines qui actionnent des génératrices électriques.

L'eau qui s'écoule des montagnes représente une énergie prodigieuse que les barrages permettent de stocker et d'exploiter.

Une énergie très ancienne

Depuis des siècles, la force des torrents est utilisée pour faire tourner des machines : moudre le grain, scier du bois, marteler les métaux... Depuis le XIXe siècle, cette énergie est transformée en électricité en faisant passer l'eau dans de grosses turbines après l'avoir stockée dans d'immenses réservoirs. Ainsi, de l'électricité est produite toute l'année et pas seulement au moment de la fonte des neiges. S'ils fournissent de l'énergie, ces barrages protègent aussi la vallée contre les crues, en régulant le cours des torrents. Ils approvisionnent également en eau les populations, les industries et les agriculteurs.

Des barrages gigantesques

Pour satisfaire les besoins en eau et en électricité des grandes villes, de nombreux pays ont voulu bâtir des barrages. Leur dimension est le plus souvent incroyable. Ainsi, le barrage des Trois Gorges, en Chine, sur le fleuve Yang Tsé Kiang, a créé un lac grand comme deux fois la superficie de la Belgique ! S'il permet la production de beaucoup d'énergie sans polluer, il a pourtant des conséquences facheuses. Plus d'un million de personnes, dont les habitations se trouvaient à l'emplacement du lac, ont dû être déplacées, l'équivalent de 13 grandes villes et de 4 500 villages ! Les terres très fertiles recouvertes désormais par l'eau ne sont plus accessibles aux paysans. Le ralentissement du courant du fleuve dû au barrage peut aussi perturber les espèces vivant dans le Yang Tsé Kiang. Enfin, une rupture de la digue du barrage

énergie

entraînerait une catastrophe sans précédent : une vague énorme déferlerait alors dans la vallée.

Des petits barrages respectueux de la nature

Le monde compte aujourd'hui plus de 800 000 barrages. Ceux-ci fournissent 1/5e de l'énergie électrique de la planète ! 150 pays en bénéficient et 50 pays en dépendent pour plus de la moitié de leurs besoins en électricité. Les pays riches et industrialisés sont particulièrement bien équipés. En revanche, il y a encore de nombreux manques et les possibilités de construire d'autres barrages sont encore énormes dans des régions comme l'Himalaya, les Andes ou des pays comme l'Afrique. Les conséquences écologiques des gigantesques barrages devraient inciter les pays à leur préférer des barrages de plus petites dimensions. Mieux adaptées aux besoins locaux, ces installations discrètes peuvent apporter de l'électricité aux populations les plus isolées.

La construction du phénoménal barrage des Trois Gorges, en Chine, a commencé en 1996, elle doit s'achever vers 2015. Ce sera le plus grand barrage au monde.

La déforestation

Au Népal, des cultures en terrasses grignottent peu à peu la forêt…

Les forêts de montagne représentent près du tiers des forêts dans le monde. Pourtant, dans les pays les plus pauvres et particulièrement sous les tropiques, elles disparaissent à un rythme alarmant.

Un rôle vital

Les forêts de montagne jouent un rôle vital tant pour l'environnement que pour la population. Elles contribuent à capter et à stocker les eaux de pluie et à empêcher l'érosion du sol. Elles abritent de nombreux animaux. Certaines espèces, chassées de leur territoire, y trouvent leur dernier refuge, en particulier les grands carnivores. Grâce au bois qu'elles fournissent, les forêts apportent aussi des revenus aux populations locales. Encore faut-il ne pas abattre plus d'arbres qu'il n'en pousse !

Une forêt saccagée

Ce n'est malheureusement pas toujours le cas. Les hommes défrichent souvent de façon trop importante afin de récupérer des terres pour les cultures ou pour le bétail. En Asie du Sud-Est, les paysans sont ainsi repoussés des villes de plus en plus surpeuplées vers les hauteurs. Au Népal, c'est l'utilisation du bois comme combustible ou comme matériau de construction qui a dénudé les versants de nombreuses montagnes.

La spirale infernale

Une fois les arbres abattus, plus rien ne retient la terre. Chaque pluie emporte toujours plus de sol qui n'a pas le temps de se reconstituer. Ce sont alors des inondations, des coulées de boue ou des glissements de terrain menaçant les populations pauvres et vulnérables qui vivent plus bas. La disparition de la forêt est ainsi le plus souvent irréversible.

Se faire discret en montagne

La montagne est un endroit merveilleux, mais aussi très fragile. C'est pourquoi il faut veiller à perturber le moins possible la nature.

Pas de nourriture pour les animaux

Les animaux savent trouver seuls à manger. Il ne faut jamais leur laisser de la nourriture. Elle peut les rendre malade si elle ne convient pas à leur organisme. En outre, les animaux trop habitués à recevoir ainsi leur repas perdent l'habitude de chercher leur nourriture. Et, l'hiver venu, ils peuvent mourir de faim.

Respecter les fleurs

Les fleurs sont souvent si belles et si parfumées qu'on aimerait les emporter chez soi ou les offrir. Mais beaucoup d'entre elles sont très rares et les cueillir risque de les faire complètement disparaître. Mieux vaut donc se contenter de les admirer, de les sentir et de les photographier.

Suivre le sentier

En marchant, on est toujours tenté de sortir du sentier et de couper à travers la pelouse ou la forêt. Mais, ainsi, on piétine des plantes et des fleurs qui peuvent être rares. Et si plusieurs personnes le font, le sol est mis à nu et se dégradera progressivement avec l'érosion. De plus, marcher en dehors du sentier peut perturber les animaux des environs, particulièrement l'hiver quand la nourriture est maigre. S'ils fuient, ils dépensent une énergie précieuse. S'écarter du sentier, c'est aussi prendre le risque de s'égarer et de ne plus retrouver son chemin.

INDEX

TABLE DES MATIÈRES

Remerciements

M. Philippe Masure, directeur de l'Institut de la montagne, professeur associé à l'université de Savoie, M. Jean-François Dobremez, professeur à l'université de Savoie, responsable de l'équipe université de Savoie du Laboratoire d'Écologie Alpine (LECA), M. Claude Brand, professeur associé à l'université de Savoie, chargé des relations extérieures à l'Institut de la montagne, Urs Breitenmoser, président du groupe des félidés à l'Union Mondiale pour la Nature (UICN), Pascal Payot accompagnateur en montagne, le parc national des Pyrénées, la Ligue pour la Protection des Oiseaux (LPO), Sylvie Vanpeene-Bruhier, du Cemagref, Jean-Jacques Brun, du Cemagref, Sylvaine Allard du parc naturel régional de Chartreuse, l'École nationale de ski et d'alpinisme, Christian Giudicelli, vétérinaire et spécialiste des petits camélidés, Christian Couloumy du parc national des Écrins, Bernard Faye du Centre de Coopération International en Recherche Agronomique pour le Développement (CIRAD), Charles Doumenge et Alain Gioda de l'Institut de recherche pour le développement (IRD).

CRÉDITS PHOTOGRAPHIQUES

P. 8 : Haut : Andes © W. Kaelher/Corbis. **P. 9 :** Haut : Alpes © J. Blair/Corbis. Bas : Atlas © Y. Arthus-Bertrand/Corbis. **P. 10 :** Haut : Cotopaxi © R. Ressmeyer/Corbis. Bas : Kilauea © D. Peebles/Corbis. **P. 11 :** Kilimandjaro © C. Pavard/Hoa-Qui. **P. 13 :** Haut : Vallée © S. Westmorland/Corbis. **P. 14 :** Cheminées de fée © R. Hamilton/Corbis. **P. 15 :** Haut : Arches naturelles © D. Muench/Corbis. Bas : © Jardin des Glaciers, Lucernes. **P. 17 :** Mer de Glace © J-D Risler/Grandeur nature/Hoa-Qui. **P. 18 :** Neige © M. Kulka/Corbis. **P. 19 :** Sapins sous la neige © I. Arndt/Jacana/Hoa-Qui. **P. 21 :** Avalanche © G. Rowell/Corbis. **P. 22 :** Quartz © J.M. Sanchis Calvete/Corbis. **P. 23 :** Haut : Granit affleurant © J. Blair/Corbis. Bas : Les Drus © J. Noble/Corbis.**P. 26 :** Lac de montagne © D. Muench/Corbis. **P. 28 :** Orage © Firefly Productions/Corbis. **P. 32 :** Everest © C. Jouan-J. Rius/Hoa-Qui. **P. 33 :** K2, Pakistan © G. Rowell/Corbis. **P. 34 :** Andes © G. Rowell/Corbis. **P. 35 :** Haut : Aconcagua © H. Stadler/Corbis. Bas : Mine © A. Ryman/Corbis. **P. 36 :** Haut : Rocheuses © W. Manning/Corbis. Bas : Faille de San Andreas © T. Bean/Corbis. **P. 37 :** Haut : Yosemite © D. Mason/Corbis. Bas : Vieux Fidèle © L. Lefkowitz/Corbis. **P. 38 :** Mont Blanc © S. Vannini/Corbis. **P. 39 :** Haut : Glacier d'Aletsch © I. Walker/Corbis. Bas : Lac Majeur© A. Cavalli/Hoa-Qui. **P. 40 :** Lac des Pyrénées © N. Thibaut/Hoa-Qui. **P. 41 :** Haut : Gavarnie © P. Roy/Hoa-Qui. Bas : Canyon d'Anisclo © M. Siepmann/Hoa-Qui. **P. 42 :** Haut : Atlas © Y. Arthus Bertrand/Corbis. Bas : Mont Kenya © G. Rowell/Corbis. **P. 43 :** Haut : Oil Doinyo Lengai © F. Lanting/Corbis. Bas : Monts de la Table © A. Bannister/Corbis. **P. 44 :** Caucase © Wostok Press/MaxPPP. **P. 45 :** Antarctique © Hoa-Qui. **P. 94 :** Bas : Ötzi © DR. **P. 96 :** Haut : Terrasses au Népal © R. Soumar/Corbis. Bas : Ferme au Népal © G. Rowell/Corbis. **P. 97 :** Haut : Berger éthiopien © R. Howard/Corbis. Bas : Marché bolivien © T. Baldizzone/Corbis. **P. 98 :** Namche Bazaar © Wild Country/Corbis. Famille sherpa © Nevada Wier/Corbis. **P. 99 :** Portrait © J Horner/Corbis. Shaman © C. Lovell/Corbis. Berger berbère © R. Holmes/Corbis. **P. 100 :** Haut : Mont Kailash © M. Gounot/Hoa-Qui. Bas : Mont Moïse © S. Grandadam/Hoa-Qui. **P. 101 :** Haut : Mont Fuji © Corbis. Bas : Mont Athos © Y. Arthus Bertrand/Corbis. **P. 105 :** Annapurna © B. Burkhardt/Corbis **P. 107 :** Everest © J. Van Hasselt. **P. 112 :** Glacier © G. Rowell/Corbis. **P. 114 :** Chèvre des Rocheuses © Wayne Lockwood, M.D/Corbis. **P. 115 :** Circulation, vallée de Chamonix © ARSMB/Gamma. *Lentana Camara* © DR. Rat © T. Whittaker, F. Lane Agency/Corbis. **P. 116 :** Avoriaz © Tripelon-Jarry/Hoa-Qui. **P. 117 :** Mine © Bettmann/Corbis. **P. 119 :** Haut : Barrage Autriche © W. Geiersperger/Hoa-Qui. Bas : Barrage Chine © Nian Zeng/Gamma. **P. 120 :** Haut : Cultures au Népal © G. Rowell/Corbis. Bas : Coupe de bois © W. Morgan/Corbis. **P. 121 :** Parc national de la Vanoise © W. Buss/Hoa-Qui.